NORWEGEN

Blauend empor aus dem graugrünen Meer,
Inseln ringsum gleich Vogeljungen,
Fjorde in Zungen
Dorthin, wo Stille sich breitet umher.

Bjørnstjerne Bjørnson, Norge Norge

BRUCKMANN

Fritz Dressler | Lothar Schneider

NORWEGEN

BRUCKMANN

Inhalt

ES RECKT SICH EIN LAND IN DEN EWIGEN SCHNEE ...
STREIFZUG DURCH DIE NORWEGISCHE GESCHICHTE

Wiege des Skilaufs
Norwegen als Land des Wintersports 26

Mit dem Postschiff unterwegs
Die Hurtigruten 36

NORWEGEN IN EINER NUSSSCHALE
DIE HAUPTSTADT OSLO

UND EWIG SINGEN DIE WÄLDER ...
DAS SEEN- UND GEBIRGSLAND OSTNORWEGENS

Kampf gegen die Trolle
Die Geschichte von Peer Gynt aus dem Gudbrandstal 60

Wo die Riesen hausen
Dovrefjell, Rondane, Jotunheimen 68

DIE RIVIERA AM SKAGERRAK
NORWEGENS SÜDKÜSTE

Zwischen Wahnsinn und Meisterschaft
Edvard Munch in Kragerø 82

Schriftsteller und Bauer
Der Literaturnobelpreisträger Knut Hamsun 90

94

ERKUNDUNG DES SÜDLICHEN NORDLANDS

VON STAVANGER NACH BERGEN

Segen der Erde
Das Stabbur und der braune Käse 108

Pflanzenvielfalt in karger Tundra
Wandern in der Hardangervidda 120

124

AUF DEN SPUREN DER STABKIRCHEN

DAS FJORDLAND BIS TRONDHEIM

Das Christentum der iro-schottischen Mönche
Die Rätselbilder der Stabkirchen 134

Odins Angst vor Ragnarøk
Die Götter der Wikinger 142

146

POLARNACHT UND MITTERNACHTSSONNE

LOFOTEN, NORDKAP UND DAS LAND DER SAMEN

Die »Könige auf der Landzunge«
Arme Dorschfischer und reiche Profiteure 156

Finnen, Russen, Samen und Tamilen
Multikulti an der Eismeerküste 160

Feuer am Himmel
Das Polarlicht 168

170

WO DAS NORDLICHT FLACKERT

DAS REICH DER SAMEN

Im Rhythmus der Natur
Der Zug der Rentiere 180

Lockende Arktis
Von Hammerfest nach Spitzbergen 186

Register 190
Impressum 192

»ES RECKT SICH EIN LAND IN DEN EWIGEN SCHNEE« …

Streifzug durch die norwegische Geschichte

Seit 1655 stehen an dieser südlichsten Spitze Norwegens warnende Leuchtfeuer. Hier im Skagerrak gibt es Wellen von 13–14 Meter Höhe, die schon manchem Schiff zum Verhängnis wurden.

Das Meer spült die Planken unter mir.
Die Tage sind hell und still geworden.
Alle Dinge ruhen in sich in einem runden Gefühl
Von hier und jetzt.

EVA JENSEN

Salmo salar, das ist die wertvollste Lachsart in Norwegen. Die Männchen können bis zu 35 kg wiegen. Gefangen werden sie sowohl im Meer als auch in den Flüssen.

»Es reckt sich ein Land in den ewigen Schnee/Von Sagen umrauscht wie vom Donner der See«, dichtete heroisch der Norweger Bjørnstjerne Bjørnson in seiner Vaterlandsweise. Extreme Naturphänomene wie Gletscher, Meeresbrandung, Mitternachtssonne und Polarnacht zeichnen dieses Land im Norden aus. Seine Einwohner lieben es dafür, und der Reisende lässt sich davon faszinieren.

Der Sage nach gab es einst den Urriesen Fornjot, der oben am Eismeer residierte, am Ende der Welt, wo im Frühling die Eisschollen treiben, im Sommer die Sonne nicht untergeht und der Winter eine einzige lange Nacht ist. Einer der Nachkommen Fornjots war König Schnee, und von ihm stammen die Enkelsöhne Nor und Gor ab. Die beiden teilten die nordischen Länder unter sich auf, und Nor erhielt das nach ihm benannte Norge oder Noreg, missverständlich mit Norwegen übersetzt.

Die Almwirtschaft in den Sommermonaten ermöglichte es, die kargen Weiden bis in die höchsten Höhen für die Milchwirtschaft zu nutzen.

Ewiger Schnee und donnernde See, wer will in so unwirtlicher Landschaft leben? Was veranlasste diese Menschen am Ende der Eiszeit, als mit der Erwärmung das große Schmelzen einsetzte, der Kälte hinterherzulaufen? Den nomadisch lebenden Jägern blieb damals gar nichts anderes übrig, da Polarfüchse, Elche und Rentiere, von denen sie sich ernährten, nordwärts zogen.

Diesen eiszeitlichen Jagdtrieb haben die Norweger übrigens bis heute nicht überwunden. Kaum neigt sich der lange, kalte Winter um die Osterzeit dem Ende zu, erfasst sie in ihren modernen, ferngeheizten Reihenhäusern eine archaische Unruhe. Der Rucksack wird gepackt, das Gewehr steht griffbreit in der Garderobe, und man startet hinauf ins Gebirge. Viele Norweger haben entweder dort oder am Wasser eine eigene Hütte, und dort spielt sich das »eigentliche« Leben ab, weit weg vom Büro. Dort geht man auf die Jagd oder zum Angeln, und ein echter Norweger legt Wert darauf, Fleisch vom selbst erlegten Elch in der Kühltruhe zu haben.

Die nomadisierenden Vorfahren haben sich allerdings bald nicht mehr allein auf das Jagdglück verlassen, und es entstanden an den Fjorden und im Landesinnern erste Siedlungen. Man begann mit Schafzucht und Milchwirtschaft und baute auch Getreide an, vor allem Gerste, mit der das begehrte Bier gebraut wurde.

Diese Lebensform führte zu einem gewissen Wohlstand und einem Anwachsen der Bevölkerung. Man brauchte mehr Land, und es kam zu einer Migrationsbewegung nach Norden, Süden und Osten. Im Norden lebten bereits die Samen, die als sehr geschickte Jäger die Felle ihrer Jagdbeute zum

Tausch anboten. Im Osten dehnten sich endlos die Wälder aus, und nur durch mühsame Rodung konnte Land urbar gemacht werden. Im Westen war das Meer und diente mit seinem Fischreichtum von Anfang an als Ernährungsgrundlage. Gleichzeitig bot es als Wasserweg die beste und schnellste Möglichkeit, an der Küste entlang von einem Fjord zum nächsten zu gelangen. So bedeutete Fjord ursprünglich nichts anderes als Fahrwasser.

Im Fjordinnern oder in den Viks aber lagen die Gehöfte und Siedlungen, und die dort Wohnenden wurden deshalb Vikinger genannt oder Wikinger.

Die Wikinger waren also ursprünglich nichts anderes als in Meeresbuchten lebende Fischer und Jäger. Was sie dazu trieb, die relativ geschützte Küstenregion zu verlassen, um ohne Kompass in die Ungewissheit der offenen See hinauszufahren, waren weder Verzweiflung noch Hunger, sondern neben einem gewissen Quantum an Tollkühnheit und Entdeckerfreude vor allem eine hoch entwickelte Bootsbaukunst.

Davon kann man sich im Wikingerschiffsmuseum auf der Halbinsel Bygdøy vor Oslo ein Bild machen. Das dort ausgestellte Gokstadschiff, das man 1880 in einem Hügelgrab gefunden hat, wurde mit Nägeln als Klinkerbau sorgfältig gezimmert. Es verfügt an jeder Seite über 16 Ruder, hat außerdem einen Masten und ein Segel und war absolut hochseetüchtig. Man hat es nachgebaut und damit problemlos den Atlantik überquert, hat bei einer Fahrgeschwindigkeit von zehn bis elf Knoten Amerika erreicht. Das größte dieser Drachenboote war Olav Tryggvasons »Ormen Lange«. Der Kiel maß etwa 44 Meter, und 272 Mann konnten gleichzeitig rudern, d.h. vier Mann an einem Ruder.

Die reichen Holzvorkommen waren von jeher die Basis des norwegischen Lebens. Schiffe, Häuser und Kirchen waren ohne diesen Naturstoff nicht denkbar. Mit der Industrialisierung kamen Export und Holzveredelung hinzu.

Alle halfen zusammen, wenn es an die Heuernte ging. Das Gras wird auf einfachen Holzgestellen zum Trocknen aufgehängt.

Mit solchen Schiffen begann im 9. Jahrhundert die große Zeit der Wikinger. Zum ersten Mal nahmen die heidnischen Bewohner aus dem Norden Kontakt auf mit dem weitgehend bereits christlichen Abendland. Dort war man völlig überrascht vom plötzlichen Auftauchen dieser wilden Männer aus dem hohen Norden. Dass am Nordrand der Welt Menschen wohnten, war zwar seit der Antike aus Berichten von Seefahrern bekannt. Man sprach von einem Ultima Thule, einem Land, das sechs Tagesfahrten nördlich von Britannien liege und in dem im Sommer die Sonne nicht untergehe. Aber über seine Bewohner war nichts Näheres bekannt.

Man schrieb den 8. Juni 793, als an der nordostenglischen Küste erstmals die Drachenboote auftauchten. Iro-schottische Mönche betrieben dort auf der Insel Lindisfarne ein Kloster, das nicht zuletzt wegen seines Reichtums in der damaligen Christenheit bekannt war. Möglicherweise hatten auch die schwer bewaffneten Normannen davon gehört, jedenfalls plünderten und verwüsteten sie das Kloster und erschlugen die Mönche.

Wie Alkuin, ein Berater Karls des Großen, überliefert hat, war man deshalb so entsetzt von dem Vorfall, weil dieses heidnische Volk vom Meer her gekommen war, also sozusagen aus dem Nichts. Und genau das war das Erfolgsrezept der Wikinger: die Überraschung. Mit ihren schnittigen Booten waren sie so schnell, dass eine Verteidigung kaum mehr möglich war.

Im Jahre 845 plünderten sie Paris, das sie über die Seine erreichten, und Karl der Kahle musste 7000 Pfund, das sind 3500 Kilogramm Silber, bezahlen, um die Männer aus dem Norden, die Normannen zum Abzug zu bewegen.

Ausgangspunkt der Wikingerzüge der Norweger war ursprünglich das Bedürfnis, mit den Ländern im Westen, also Schottland, Irland und England, Handel zu treiben. So fuhr Ottar, ein Kaufmann aus Nordnorwegen, um 890 mit einem etwas breiteren, für Lasten geeigneten Segelschiff nach England, um dort Felle, Eisenwaren und Walrosszähne zum Tausch anzubieten. Er startete nördlich der Lofoten und segelte an der ganzen norwegischen Küste entlang bis zum heutigen Larvik. Für diese Strecke brauchte er vier Wochen. Von dort ging es weiter an der Nordseeküste entlang, bis er London erreichte, wo er für seine Waren Wein, Edelsteine, Weizen, feine Stoffe und Honig eintauschte. Doch bildete der Tauschhandel oft nur den Vorwand, um herauszufinden, wo Reichtümer zu holen waren, die man sich durch Raub schneller und ruhmreicher aneignen konnte. Kehrten die Schiffe im Herbst von großer Fahrt zurück, diente der Umfang der Beute dazu, daheim die eigene Machtstellung zu festigen oder zu vergrößern.

Hinter dem, was den Betrachter romantisch anmuten mag, verbirgt sich bei genauerem Hinsehen ein hartes und entbehrungsreiches Leben als Fischer und Bauer.

Es gab aber auch Schiffsbesatzungen, die bei ihren Fahrten auf neue, unbewohnte Länder wie die Färöer, Island und Grönland stießen. Um zu testen, ob es sich dort leben ließ, hat man überwintert und im nächsten Jahr die daheimgebliebenen Familienmitglieder und den Hausrat nebst Kühen und Schafen nachgeholt.

Grund für diese keineswegs gefahrlose Auswanderung waren die politischen Verhältnisse in der Heimat. Dort herrschte eine Reihe von Kleinkönigen, die sich ständig bekriegten, was ein friedliches Leben unmöglich machte.

Die Schiffsanlegestelle war und ist in großen und kleinen Orten wesentlicher Anziehungspunkt. Waren und Besucher kamen an Land, und hier wurden Neuigkeiten ausgetauscht.

Die vermutlich weiteste Entdeckungsfahrt eines Wikingers unternahm Leiv Eiriksson, als er 500 Jahre vor Kolumbus in Amerika landete. Sein Segeltörn begann in Grönland, das damals tatsächlich ein Grünland war, wo Kühe weiden konnten. Einer der dortigen Siedler war auf seiner Überfahrt von Island in einen mehrtägigen Sturm geraten und zu einem bewaldeten Strand in der Nähe des heutigen Neufundland geraten, ehe er bei günstigerem Wind wieder Grönland erreichte. Leiv Eiriksson lockte dieses Waldland, und Ausgrabungen beweisen, dass er dort einige Winter geblieben sein muss. Nachempfunden hat diese Entdeckung Amerikas der Maler Christian Krohg. Auf einem riesigen Ölgemälde in der Nationalgalerie Oslo sieht man das Drachenboot die aufgepeitschten Wellen durchschneiden, am Steuer der kühne Seefahrer mit Blick auf grünes Land.

Norwegen wird Königreich

Während somit ein Teil der norwegischen Großbauern die Heimat verließ, um friedlich und in freier Selbstbestimmung Neuland zu besiedeln wie auf Island und in Grönland, stritten sich die Stammeshäuptlinge im Mutterland darum, wer genug Macht erringen konnte, über alle anderen zu herrschen. Einer dieser Kleinkönige war Harald mit dem Beinamen Hårfagre oder zu Deutsch Schönhaar. Der Sage nach soll seine Angebetete ihm erst das Jawort gegeben haben, als er alle anderen besiegt und die Alleinherrschaft errungen hatte. Das geschah, nachdem er einen Großteil der südnorwegischen Stammesfürsten unterworfen hatte, und dann hat er sich auch sein Haar schneiden lassen.

Der Wal war unerlässlich für das Überleben der Norweger. Das Fleisch der Wale war äußerst nahrhaft, und die dicke Fettschicht brachte in Form von Tran Licht in die dunkle Winterszeit.

Die entscheidende Schlacht fand um 900 im Hafrsfjord statt, und nun gab es so etwas wie ein einheitliches Reich.

Nachfolger wurde sein ältester Sohn Eirik. Ihm gaben die Geschichtsschreiber den Beinamen »Blutaxt«, offenbar war seine Regierung noch nicht anerkannt genug. Um an der Macht zu bleiben, brachte er zwei seiner Brüder um, er selbst kehrte von einer Wikingerfahrt nicht mehr zurück.

Auf Gewalt konnte auch Olav Tryggvason nicht verzichten, allerdings ließ er sich 995 taufen, und die Gewalt diente der Christianisierung des neuen Reichs. Diese Politik setzte Olav Haraldsson fort, der mit dem Beinamen »der Heilige« als Perpetuum Rex Norvegiae, der ewige König Norwegens, in die Geschichte eingehen sollte. Wie seine Vorgänger begann er seine Karriere als Wikinger, damals war er zwölf Jahre alt. Sechs Jahre später ließ er sich in Rouen taufen, und 1016 übernahm er als christlicher König die Herrschaft. Zu seinem Leidwesen weigerten sich die Kleinkönige nördlich von Trondheim, sich taufen zu lassen, und erkannten damit seine Machtposition nicht an. So traf am 29. Juli 1030 das königliche Heer bei Stiklestad am Trondheimsfjord auf das Bauernheer der Nordnorweger. Die Königstreuen wurden in die Flucht geschlagen und Olav tödlich verwundet. Für die Norweger aber blieb er unsterblich, und sein Todestag wird bis heute im norwegischen Kalender als St.-Olavs-Tag (olsok) vermerkt. Verewigt ist er außerdem im Staatswappen, das einen aufgerichteten Löwen auf rotem Grund zeigt, der in den Vorderpranken die silberne St.-Olavs-Axt hält. Der letzte der Wikingerkönige war Harald Hardråde, der Harte. Er ist ein schönes Beispiel dafür, wie abwechs-

Oben und rechts unten: Durch die Salzluft wird das Holz der Häuser stark beansprucht, und der Schutzanstrich muss ständig erneuert werden. Neben dem am meisten verwendeten Ochsenblutrot werden auch gern Ockergelb und verschiedene Blautöne verwendet.

lungsreich das Leben eines normannischen Stammesfürsten verlaufen konnte. Als 15-Jähriger hatte er in Stiklestad mit seinem Halbbruder gegen die nordnorwegischen Bauern gekämpft und war nur mit knapper Not mit dem Leben davongekommen. Über Schweden schlug er sich durch bis nach Russland zu dem Großfürsten Jaroslaw von Kiew. Die schwedischen Wikinger verkehrten damals ständig in dieser Gegend, fuhren mit ihren Drachenbooten auf den Flüssen bis hinunter zum Schwarzen Meer und weiter nach Byzanz, wo sie Handel trieben.

Dorthin zog es auch Harald Hardråde, und er verdingte sich als Anführer der Leibgarde des Kaisers von Byzanz. Nach zehn Jahren quittierte er diesen Dienst, kehrte zurück zu Jaroslaw, ehelichte dessen Tochter und begab sich nun als reicher Mann über Schweden in die norwegische Heimat, wo er 1047 die alleinige Königsherrschaft erlangte. Vergeblich versuchte er nun, die Dänen zu unterwerfen, und zog schließlich mit einem großen Heeresaufgebot nach England, wo er in der Schlacht bei Stamford jedoch ruhmreich ums Leben kam.

Abschließend sei noch ein Gedicht dieses harten Haralds wiedergegeben, das stellvertretend zeigt, dass diese Wikinger nicht nur hirnlose Haudegen waren. Der Isländer Snorre Sturluson (1148–1241), im Mittelalter einer der mächtigsten Männer auf der Insel, verfasste die Königssagen und darin heißt es:

»Acht Dinge vermag ich/Odins Getränk kann ich brauen/Zu Pferde bin ich schnell und geschickt/Auf das Schwimmen verstehe ich mich/Im Skilaufen macht mir keiner etwas vor/Ein guter Schütze bin ich und kann das Ruder führen/Dazu beherrsche ich das Harfenspiel und die Dichtkunst.«

Mit Olav dem Heiligen war Norwegen ein einheitliches Reich geworden, das Christentum löste die Götter der Wikinger ab, und an die Stelle von Stammesehre und Blutrache traten Nächstenliebe und Erlösung. Diese Umkehrung der Werte wird augenfällig in den ersten Kirchen, den Stabkirchen, die von ihrer Bauart her im Innenraum an ein gekentertes Wikingerschiff mit dem Masten als Mittelpfeiler erinnern.

In Stavanger, Bergen und Trondheim entstanden vom Papst in Rom abhängige Bischofssitze, und überall im Land wurden Klöster gegründet wie das bis heute erhaltene Kloster Utstein auf der Insel Mosterøy bei Stavanger, das besichtigt werden kann. Die Könige residierten in Königsburgen, die Krönung fand jeweils in Trondheim statt. Eine ausgesprochene Metropole gab es erst seit 1299, als Håkon V. Oslo mit der Königsburg Akershus zur Hauptstadt erklärte.

Von Anfang an bestanden enge dynastische Verbindungen zwischen den Königshäusern Dänemarks, Norwegens und Schwedens. Einer, der mit allen dreien verwandt war, hieß Olav Håkonsson und er wurde 1380 offizieller König. Durch eine raffinierte Politik erwarb sich seine Mutter Margarete den dänischen Thron, und weil Olav mit 17 Jahren ohne Nachkommen starb, fiel ihr auch die Herrschaft über die Norweger zu. Durch die Pest von 1349/50 war die Bevölkerung Norwegens um ein Drittel geschrumpft und konnte sich nicht gegen die dänische Übermacht wehren, und so wurde Norwegen eine von Kopenhagen aus regierte Provinz. Es begann eine Zeit der Unterdrückung, Ausbeutung und Erniedrigung oder, wie es in Henrik Ibsens Schauspiel »Peer

Oben: Typisch für die norwegischen Kirchhöfe ist, dass keine individuelle aufwendige Grabpflege nötig ist, da nur die Stelen und Kreuze auf einem Wiesenuntergrund stehen.

Gynt« heißt, es begannen »viermal hundert Nachten«. Erst 1814 erlangte das Land wieder seine Selbstständigkeit.

Im 16. Jahrhundert wurde die Reformation mit der dänischen Bibel von 1550 von Kopenhagen aus eingeführt. Kaufleute aus Kopenhagen bestimmten den Handel mit Klippfisch bis hinauf nach Vadsø am Eismeer, und die Hauptstadt Oslo wurde nach dem Namen des dänischen Königs Christian IV. in Kristiania umgetauft.

Allmählich aber wuchs das norwegische Nationalgefühl immer mehr, man wollte wieder eigenständig sein, wollte ein eigenes Bankwesen, wollte eine

Die kurze Sommerzeit wird für Festlichkeiten aller Art genutzt, die natürlich am liebsten unter freiem Himmel stattfinden.

eigene Universität. Die Landeskinder sollten nicht mehr darauf angewiesen sein, in Kopenhagen zu studieren, und 1811 forderte man eine eigene Hochschule.

Das alles sollte drei Jahre später Wirklichkeit werden, denn 1814 wurde von den Mächtigen im fernen Europa im Kieler Frieden die Trennung von der dänischen Vormundschaft einfach beschlossen. Weil die Dänen in den Befreiungskriegen auf Napoleons Seite gekämpft hatten, hat man ihnen Norwegen weggenommen und den Schweden zugesprochen. Das wollten die Norweger allerdings nicht akzeptieren. Sie beriefen in Eidsvoll eine verfassungsgebende Versammlung ein, und am 17. Mai 1814 wurde die demokratischste und damit modernste Verfassung Europas verabschiedet. Seitdem ist dieser Tag der norwegische Nationalfeiertag, und im ganzen Land wird gefeiert. Die Kinder laufen mit norwegischen Fähnchen durch die Straßen, und in Oslo ziehen sie hinauf zum Schloss, wo die königliche Familie auf dem Balkon steht.

Gebaut hat dieses Schloss allerdings der schwedische König Carl Johan, der nach seiner Rückkehr aus dem Krieg gegen Napoleon wie vereinbart auch König von Norwegen wurde. Inzwischen gab es aber die neue Verfassung, und alle seine Versuche, die gewonnene nationale Souveränität Norwegens anzutasten, scheiterten. 1905 endete dann die Union mit Schweden in einem friedlichen Einverständnis zwischen Parlament (Storting) und König.

Das Storting, also die demokratisch gewählte Volksvertretung, schaute sich nun nach einem neuen König für Norwegen um, und ihre Wahl fiel auf einen Marinekapitän aus dem dänischen Königshaus, der mit einer englischen Prinzessin verheiratet war. Vor allem Letzteres, also eine gute Beziehung zu Eng-

land, schien den Volksvertretern der neu geborenen Nation wichtig zu sein. Als Königsname wählte sich der neue Monarch Haakon VII., stellte damit die Verbindung zu Haakon VI. her, dem letzten norwegischen Herrscher vor der Dänenzeit. Am 22. Juni 1906 wurde er zusammen mit seiner Frau Maud im Nidarosdom zu Trondheim in der traditionellen Zeremonie zum König gekrönt.

Bei Hochzeiten und anderen Feierlichkeiten trägt der Norweger gerne seine Tracht.

Mit dem Wahlspruch »Alt for Norge« (Alles für Norwegen) fasste Haakon VII. kurz und knapp zusammen, wie er sein Engagement als König auffasste. Wie ernst er diesen Spruch meinte, zeigt sein Verhalten während der beiden Weltkriege. 1914 nutzte er seine guten Beziehungen zum englischen Königshaus, und so überstand das Land den Krieg als neutraler Alliierter. 1940 dann weigerte er sich strikt, als ihn die deutsche Besatzungsmacht aufforderte, den norwegischen Nationalsozialisten Vidkun Quisling zum Staatspräsidenten zu ernennen. In einer abenteuerlichen Flucht reiste die königliche Familie von Oslo nach Tromsø und weiter nach England, wo Haakon VII. eine Exilregierung bildete und den Widerstand unterstützte. So wurde er zur Symbolfigur eines unbeugsamen Norwegen, und entsprechend euphorisch hat ihn sein Volk am 7. Juni 1945 bei seiner Rückkehr empfangen.

Es begann eine Zeit des wirtschaftlichen Aufschwungs, und das Land, bisher eine Art Armenhaus Europas, erreichte mit der Industrialisierung einen gewissen Wohlstand.

Der Schritt vom Wohlstand zur reichsten Nation passierte 1969, als die amerikanische Phillips Petroleum Company in der Nordsee Erdöl- und Erdgasvorkommen entdeckte. Bohrinseln wurden verankert, und das erste Erdölfeld namens Ekofisk nahm seine Tätigkeit auf. Inzwischen sind die Norweger nach den Saudis die zweitgrößten Ölexporteure der Welt.

Diesen Aufschwung erlebte Haakon VII. nicht mehr, er starb 1957, und es folgte sein Sohn Olav V.

Er war es, der 1978 das sogenannte Frigg-Feld offiziell eröffnete, ein ergiebiges Erdgasvorkommen vor Bergen. Dieser plötzliche, märchenhafte Reichtum hatte jedoch seinen Preis. Im April 1977 kam es im Ekofisk-Feld auf der Bohrplattform »Bravo« zu einem »Blow-out«, einem Öl- und Gasausbruch, bei dem 25 000 Tonnen Erdöl ins Meer strömten. Und im März 1980 knickte bei schwerer See ein Fuß der Förderplattform »Alexander Kielland« ein, was zur Kenterung führte. Dabei starben 123 Menschen.

Das Bootshaus ist die Garage des Fjordanliegers. Schiff und Außenbordmotor sind wesentliche Fortbewegungsmittel im Fjordland, um auf kürzestem Wege einzukaufen oder den Nachbarn zu besuchen.

Olav V. regierte noch bis 1991 und genoss eine große Popularität, weil er in den zwei für einen echten Norweger traditionell wichtigsten Sportarten glänzte, im Skilauf als Schanzenspringer auf der Holmenkollenschanze in Oslo und im Segeln. Bei den Olympischen Spielen 1928 in Amsterdam gewann er mit dem Boot »Norna« eine Goldmedaille.

Mit Harald V. bestieg zum ersten Mal seit 600 Jahren wieder ein in Norwegen geborener Monarch den Thron. Außerdem war Harald V. der erste König, der eine Frau aus dem Volk heiratete, weil ihn die adeligen Damen Europas offenbar nicht interessierten. Diese Neuerung bereitete dem Königshaus einiges Kopfzerbrechen, und Harald musste neun Jahre warten, bis er die Erlaubnis bekam, Sonja Haraldsen zu heiraten. Es gelang Sonja allerdings schnell, die Norweger für sich zu gewinnen, und spätestens, als sie nach Tochter Märta Louise einen Sohn gebar, war sie als Landesmutter akzeptiert.

Einmal allerdings konnte sie das Volk nicht auf ihre Seite ziehen. Das war 1994, als es um den Beitritt Norwegens in die Europäische Union ging. Eine erste Volksabstimmung in dieser Frage hatte es bereits 1972 gegeben, und damals lehnten die Norweger eindeutig den politischen Anschluss an Europa ab. Man befürchtete vor allem, die 1905 errungene nationale Souveränität an Brüssel zu verlieren. Bei der Abstimmung von 1994 sprachen sich sowohl Parlament wie Königshaus für Europa aus. Das hielt die Norweger nicht davon ab, erneut mehrheitlich mit Nein zu stimmen. Es stellte sich heraus, dass es nicht zuletzt die Norwegerinnen waren, die einer europäischen Politik des unablässigen Fortschritts auf Kosten der Umwelt eine Absage erteilten.

Dieses deutliche Bewusstsein vom unschätzbaren Wert der natürlichen Umwelt ist in Norwegen so lebendig, dass sich hier gar keine Grünen-Partei etablieren muss.

Wie bei seinem Vater trugen auch bei Harald V. seine Erfolge im Segeln ganz wesentlich zu seiner Popularität bei. Er nahm mehrmals an der Olympiade teil und errang 1987 in Kiel einen Weltmeistertitel.

Sein Sohn Håkon Magnus hatte es leichter, als er sich 2001 ebenfalls entschloss, bürgerlich zu heiraten. Nicht so leicht zu schlucken war aber für die sonst liberalen Norweger die Tatsache, dass Mette-Marit einen vierjährigen Sohn in die Ehe brachte. Immerhin jubelte das Volk bei der glanzvollen Hochzeit, und es dürfte derzeit nicht mit einer Abschaffung des Königtums zu rechnen sein.

Alsterhaug in Nordnorwegen. Hier wirkte Petter Dass (1647–1708) als Dichter und Pfarrer. Seinen Zehnten, den er in Form von Fisch erhielt, verkaufte er in der Handelsstadt Bergen weiter.

Sprache und Kultur

Vor diesem historischen Hintergrund versteht man plötzlich dieses extreme Nationalgefühl der Norweger. Denn etwas erstaunt war ich schon, als ich bei meinem ersten Norwegenaufenthalt zufällig an einem 17. Mai in Oslo aus dem Zug stieg. Bereits hier sah man die ersten Fähnchen mit dem blauen Kreuz auf rotem Grund, und oben in der Karl Johan, der Straße, die zum Schloss führt, wurde das Fähnchenmeer immer dichter, die Begeisterung immer spürbarer.

Eine selbstständige Nation sind die Norweger gerade mal seit 100 Jahren. Der Nationaldichter Henrik Ibsen schrieb seine Dramen noch in dänischer Sprache. Dasselbe gilt für Knut Hamsuns Roman »Segen der Erde«, für den er 1920 den Literaturnobelpreis erhielt. Ein offizielles »Norwegisch« existierte noch nicht. Es gab lediglich neben dem amtlichen Dänisch eine norwegische Volkssprache in Form zahlreicher regionaler Dialekte. Nach der neuen Verfassung von 1814 und der damit errungenen nationalen Identität lag es nahe, dass man auch eine eigene Sprache haben wollte. Wie diese Sprache aussehen sollte, darüber waren sich die Dichter und Gelehrten allerdings nicht einig. Der gemäßigte Vorschlag bestand darin, die bestehende dänische Reichssprache allmählich zu norwegisieren, eine Reform, die in erster Linie an der Aussprache feststellbar ist.

Wer auf seinem Weg nach Norwegen über die dänische Insel Seeland fährt und von dort die Fähre nach Kristiansand oder Larvik nimmt, wird sofort hören, wie sich die Sprache ändert. Aus einem relativ eintönigen Sprachbrei in Dänemark wird in Norwegen auf einmal eine wunderbare Sprachmelodie.

Oben: Wehrmachtsmuseum in Svolvær. Unten und rechts oben: Kleines Museum an der E6, in dem der russischen Kriegsgefangenen gedacht wird.

»Norwegisch klingt doch viel schöner«, gestand mir eine dänische Lehrerin, als ich anlässlich eines Studienaufenthalts in Kopenhagen bei ihr einen Sprachkurs machen musste.

Dieses norwegische Dänisch, das Bokmål (Buchsprache), hat sich inzwischen als Landessprache mehrheitlich durchgesetzt. Einer Minderheit ging diese Reform jedoch nicht weit genug. Man wollte ein auch schriftlich vom Dänischen abweichendes Idiom, und so entstand neben dem Bokmål das Nynorsk (Neunorwegisch). Ivar Aasen, ein Lehrer aus Sunnmøre, machte es sich zur Lebensaufgabe, aus den Volksdialekten ein allgemeines »Norwegisch« zusammenzustellen, ähnlich wie es im Deutschen Martin Luther gemacht hatte. Seit 1925 sind Bokmål und Nynorsk gleichberechtigt gültig, und deshalb müssen die Gymnasiasten ihren Abituraufsatz in zwei Sprachen schreiben können. Außerdem halten einige Schriftsteller, Verlage und Professoren strikt an diesem Nynorsk fest, und im Fernsehen müssen einige Filme wie zum Beispiel der »Derrick« in dieser Sprachform untertitelt werden.

Zurück zu den beiden Nationaldichtern, die beide durch ihre Werke wesentlich zum Selbstbewusstsein der jungen Nation beitrugen und bis heute gelesen beziehungsweise aufgeführt werden. Hamsuns Schilderungen des Lebens im hohen Norden spiegeln eindrucksvoll die Landschaft und ihre Menschen. Die Hütte im Wald, in der Leutnant Glahn allein mit seinem Hund lebt, oder Isak, der in die menschenleere Wildnis zieht, um sich dort eine eigenständige Existenz aufzubauen, das sind Figuren, mit denen sich mancher Nordlandfahrer gerne identifiziert.

Nordisch unverwechselbar sind auch die Dramen von Ibsen. Da ist Nora, die Gattin des Bankdirektors, die ihn und die Kinder einfach verlässt, weil sie nicht länger sein Püppchen sein will. Eine dermaßen emanzipierte Frau auf der Bühne ist 1879 ein absolutes Novum, und für die erste deutsche Aufführung des Stücks musste der Schluss geändert werden, musste sich Nora mit ihrem Mann aussöhnen.

Das Vorratshaus steht etwas erhöht auf steinernen Füßen; dadurch sind Fisch und Fladenbrot vor Ungeziefer geschützt.

Als »nordischer Faust« wird sein Schauspiel »Peer Gynt« bezeichnet. Peer verlässt seine geliebte Solveig und zieht hinaus in die Welt, will sich in allen möglichen Abenteuern selbst finden und kehrt schließlich zurück als jemand, der in seinem Leben Schiffbruch erlitten hat. Aus seiner Verzweiflung rettet ihn Solveig, das nordische Gretchen. Sie hat ihn all die Jahre geliebt, an ihn geglaubt und auf ihn gehofft. Damit gibt sie Peers Leben einen Sinn.

Die Musik zu diesem Drama komponierte Edvard Grieg. Beide greifen dabei ebenfalls auf nationale Traditionen zurück. Den Stoff fand der Dichter in den norwegischen Volksmärchen, und die Musik holte sich der Komponist bei den Liedern der Sennerinnen auf den norwegischen Bergen. Wie diese nordische Weite klingt, hört man in »Solveigs Lied«, mit dem sie ihren Peer am Ende des Dramas tröstet.

Zur gleichen Zeit hat der vermutlich bekannteste norwegische Maler gelebt, Edvard Munch. Obwohl er nicht naturalistisch malt, lassen viele seiner Bilder mit der unverwechselbaren Küstenlinie den Bezug zum Land erkennen oder bringen das nordische Lebensgefühl zum Ausdruck wie der »Fries des Lebens«.

Wiege des Skilaufs

Norwegen als Land des Wintersports

Zwei- bis vierspurig verlaufen die Loipen durch Wälder und über zugefrorene Seen, und der sportliche Läufer kommt ebenso auf seine Kosten wie der geruhsame Wanderer.

Dass die Norweger Weltklasse sind im Skilanglauf, weiß man nicht erst seit der Winterolympiade von 1998 in Lillehammer. Dass es aber praktisch keinen Norweger gibt, der diesem Sport nicht frönt, erfuhr ich erst bei Torhild. Sie lebt als Kinderbuchautorin in Oslo, und ich sollte für ihre Bücher einen deutschen Verleger finden. Im Gegenzug würde sie mich in den norwegischen Volkssport des Langlaufens einführen.

Dazu bietet Oslo, die Fjordstadt im Wald, ideale Bedingungen. In der nördlich an der Stadtgrenze anschließenden Nordmarka gibt es sage und schreibe 2600 Kilometer gespurte Loipen. Einige davon, die sogenannten »lysløyper«, sind von 16.00 bis 22.00 Uhr beleuchtet, damit der Städter sofort nach Büroschluss noch auf die Loipe gehen kann. Und für Blinde gibt es Loipen mit akustischen Signalen.

Ein echter Norweger werde mit den Skiern an den Füßen geboren, sagte meine Gastgeberin, und mir war nun endgültig klar, dass ich mich für die am folgenden Sonntag geplante Tour auf mehr einstellen musste als nur ein gemächliches Spazierengehen auf Skiern.

Es war ein traumhaft schöner Morgen mit blitzblauem Himmel, als wir an der Endstation Sognsvatnet die Sognsvannbane verließen. Im Skiständer, der außen am Waggon angebracht ist, standen dicht gereiht die Langlaufskier, nach und nach hatte jeder seine Bretter

erwischt, und auf dem Parkplatz neben dem Bahnhof begann ein eifriges Wachsen, Anschnallen, Kinder- und Hundesammeln, bis allmählich jeder seine Spur gefunden hatte. Unser erstes Ziel war Tryvannstua, eine 6,3 Kilometer entfernte Hütte. Vor uns lag die riesige, weiße Fläche des Sognsvatnet. Auf diesem im Sommer beliebten Badesee bewegte sich jetzt eine endlose Karawane aus schwarzen Punkten nordwärts.

Wir liefen zügig, vorbei an Familien mit Kindern, manche hatten ihren Säugling dabei, der, warm eingepackt in einem »purk«, hinterhergezogen wurde. Obwohl wir nicht langsam waren, mussten wir ab und zu aus der Spur treten, um schnellere Läufer vorbeizulassen. Meine Vermutung bewahrheitete sich, Langlaufen ist kein Spaziergang, sondern ein ernster Sport, und es ist üblich, nach Zeit zu laufen. Das mutete mir Torhild zwar nicht zu, verlängerte aber unsere Tour um weitere sechs Kilometer bis zur Kobberhaughytta. Nach einer kleinen Erfrischung, »solbærsaft med kvikk lunsj« – schwarzer Johannisbeersaft mit Schokowaffel –, reihten wir uns wieder ein in die Schar der Sonntagsläufer.

Unser Weg führte immer weiter nordwärts, die Landschaft wurde hügeliger, steile Aufstiege wechselten mit rasanten Abfahrten. Nach weiteren fünf Kilometern tauchte Kikutstua auf. Die Hütte war voll mit Ausflüglern, und es dampfte von Schweiß, nassen Handschuhen und heißen Getränken. Wir setzten uns vor die Hütte, von hier hat man eine herrliche Aussicht über den zugefrorenen Bjørnsjøen. Den mussten wir auf unserem Rückmarsch überqueren. Das war kein reines Vergnügen, die Spur war teilweise nass, dann wieder glatt, und eine Pause legte Torhild erst bei Ullevålseter ein, nach zehn Kilometern.

Von dort hatten wir noch sechs Kilometer zu unserem Bahnhof Sognsvatnet, und die waren ein schöner Abschluss. Glutrot stand die Sonne im Westen, und ihre Strahlen leuchteten durch die verschneiten Bäume des Waldes, die Schneekristalle blinkten und blitzten. Im Zug addierten wir die Tagesleistung: 33 Kilometer. Wir hatten dafür einen Tag gebraucht, ein echter Norweger schafft diese Strecke in höchstens fünf Stunden.

Ein besonderer Genuss für den geübten Skifahrer sind die Abfahrten zwischen den tief verschneiten Tannen.

Oben und rechte Seite oben: In der arktischen Schneelandschaft herrschen ideale Bedingungen für Huskie-Schlittenfahrten. Traditionell gab es als Zugtiere eigentlich nur die Rentiere.

Das Leben auf äußerst naturalistische Weise stellt sein Zeitgenosse, der Bildhauer Gustav Vigeland, dar. Zum Teil überlebensgroße Bronzefiguren von Männern, Frauen und Kindern, alle in spielerisch-paradiesischer Nacktheit, vermitteln nordische Lebensfreude.

Heute hat Munch in Oslo ein eigenes Museum für seine Bilder und Vigeland einen eigenen Park für seine Skulpturen.

Norwegen als Reiseland

In den Süden zu reisen, das bedarf keiner Begründung, Sonne, Meer und Sandstrand, was braucht der Mensch noch mehr in seinen Ferien? Anders sieht es aus mit den Nordlandfahrern. Was man denn dort oben wolle, wird man gefragt, mit mehr Regen als Sonne, einem eiskalten Meer und statt feinem Sand glitschigem Geröll oder spitzen Felsen. Und so ganz von der Hand zu weisen sind diese Vorurteile nun mal nicht. Worin besteht dann eigentlich der Reiz des Nordens? Was wird dem Erholung suchenden Mitteleuropäer in einem Land geboten, das zu einem großen Teil nördlich des Polarkreises liegt, also in der Arktis?

Einer der ersten Deutschen, die viele Sommer im Land der Fjorde verbrachten, war kein Geringerer als der deutsche Kaiser Wilhelm II. Von 1889 bis 1914 unternahm er mit seiner Yacht »Hohenzollern« regelmäßig Reisen ins Nordland, das er selbst so genannt haben soll. Die Schönheit der Fjorde faszinierte ihn, und in den Romsdalsfjord soll er achtmal hineingefahren sein. Der einzigartige Reiz dieser Landschaft ist einer der Gründe, der auch den heutigen Touristen

nach Norwegen zieht. Eine Tour mit der Hurtigrute an der Fjordküste entlang gehört für viele zu den Träumen, die sie sich einmal im Leben erfüllen.

Diese Einschnitte ins Land, die manchmal nur 500 bis 1000 Meter breit sind, führen zu einer extrem zerklüfteten Uferlinie. Während die norwegische Küste grob gemessen etwa 2500 Kilometer lang ist, werden daraus 20 000 Kilometer, wenn man alle Fjorde dazurechnet. Entstanden sind sie nach der Eiszeit, als die Gletscher, die die sogenannten Trogtäler ausfüllten, schmolzen. Die Höhe der umliegenden Berge entspricht deshalb in etwa der Tiefe der Fjorde. Die Berge, norwegisch: fjell, und die Fjorde hängen also unmittelbar zusammen. Der tiefste Fjord ist mit 800 Metern der Hardangerfjord, der längste der Sognefjord, er frisst sich 205 Kilometer ins Land, von Ytre Sula bis zu dem kleinen Ort Skjolden.

Dorthin hat sich 1913 erstmals der österreichische Philosoph Ludwig Wittgenstein zurückgezogen. In einer einsamen Hütte an der steilen Flanke des Fjords und von Wald umgeben erlebte er das Fjordland. Mit der Welt verband ihn nur ein Lastenaufzug. Von einem schmalen Balkon aus hatte er einen Blick auf die weite Fläche des Fjords, hinter der das hohe, mit Schnee und Gletschern bedeckte Gebirgsmassiv Jotunheimen bis über 2000 Meter aufragt. Der Philosoph hat sich diese Einsamkeit gesucht, wollte hier, im »stillen Ernst der Landschaft«, wie er sagte, eigene Gedanken denken. Und er ist mehrmals wiedergekommen.

Übrigens hat das philosophische Denken in Norwegen Konjunktur, wie der Bestseller »Sofies Welt« von Jostein Gaarder beweist.

Unten: War früher das Eisangeln wichtig, um zusätzliche Nahrung im Winter zu beschaffen, ist es heute eher ein Freizeitsport.

Steil fällt der kahle Felskoloss des Nordkaps ab ins Meer. Jedes Jahr besuchen bis zu 200 000 Touristen diese beliebte Sehenswürdigkeit. Bild unten: Dieser Skulpturenpark am Nordkap steht symbolisch für die Kinder der Welt und den Frieden auf Erden.

Diese Sehnsucht, allein zu sein in einer noch weitgehend unberührten Natur, im Fjord zu angeln oder durchs Gebirge zu streifen, darin liegt für jeden Nordlandfahrer der Reiz. Egal ob man im Wohnmobil auf schmalen, kurvigen Straßen unterwegs ist oder mit dem Fahrrad, im Kanu oder zu Fuß, der Aufenthalt in Norwegen bietet immer ein wenig Abenteuer. Man erfährt sich neu in diesen gewaltigen Extremen von Fjell und Fjord, Gletscher und Meer, Mitternachtssonne und Polarnacht. Und wenn man auch keine großen philosophischen Gedanken produziert, fühlt man sich vielleicht ein bisschen wie einer der großen norwegischen Entdecker, wie zum Beispiel Roald Amundsen, Fridtjof Nansen oder Thor Heyerdahl, um nur drei zu nennen.

Amundsen hat als erster Mensch am Südpol die norwegische Fahne ins Eis gerammt und war damit dem Engländer Scott zuvorgekommen. In Bronze gegossen steht sein Denkmal in Tromsø unweit der Anlegestelle der Hurtigrute.

Nansen überquerte 1888 in 42 Tagen auf Skiern das grönländische Inlandeis und unternahm eine Expedition zum Nordpol. Die »Fram«, sein Schiff, das so gebaut war, dass es den Eismassen beim Einfrieren standhielt, ist auf der Museumsinsel Bygdøy vor Oslo zu besichtigen. Und Heyerdahl segelte mit dem Balsaholz-Floß »Kon-Tiki« über den Pazifik und mit einem Papyrusboot über den Atlantik. Damit wollte er beweisen, dass die Ureinwohner des amerikanischen Kontinents aus Europa gekommen waren. Sein Floß ist ebenfalls auf Bygdøy ausgestellt.

Alle der hier genannten Norweger standen an der Wiege des neuzeitlichen Norwegens und prägen es bis heute.

Eine wichtige Verbindung des »Landes hinter Hunderten von Meilen« zur übrigen Welt wurde 1893 eingerichtet, als am 2. Juli um 8.30 Uhr im Hafen von Trondheim die Schiffsglocke der »Vesteraalen« zur Abfahrt nach Hammerfest läutete. In den neun Häfen, die bei dieser Jungfernfahrt angelaufen wurden, empfing man das erste Schiff der Hurtigruten mit Flaggen und Blasmusik, die neue Hauptstraße Nummer 1 in den Norden war eröffnet. Die südliche Erweiterung der Route nach Bergen erfolgte 1898, die Verlängerung nach Kirkenes 1911. Von nun an konnten die Nordbewohner mit den nötigen Gütern und Postsendungen versorgt werden. Aber auch die Exportgüter, in erster Linie der Fisch, konnten zur Vermarktung rechtzeitig nach Süden gebracht werden.

Unbeirrt verfolgen die Rentiere alljährlich ihren gewohnten Weg zur Sommerweide, wo sie saftige Weidegründe finden und ihre Jungen zur Welt bringen.

Wesentlich für den Erfolg dieses Projekts, für das sich vor allem der norwegische Kapitän und Reeder Richard With aus Tromsø eingesetzt hat, war das exakte Einhalten eines ausgeklügelten Fahrplans. Unabhängig von Wetterverhältnissen und der Polarnacht mussten die Schiffe die vorgesehenen Häfen verlässlich anlaufen. Das schien undurchführbar, da es kaum Leuchttürme oder Seezeichen gab. Um eine genaue Navigation zu erreichen, machte With zusammen mit seinem Lotsen Andreas Holte jahrelang Aufzeichnungen über den Kurs und eventuelle Abweichungen, alles wurde zeitlich festgehalten. Dazu kam die Justierung des Magnetkompasses, um die Falschweisung durch die Differenz zwischen magnetischem und geografischem Nordpol so gering wie möglich zu halten. Entscheidend war und ist bis heute jedoch die seemännische Erfahrung des Kapitäns.

Stillgelegtes Leuchtfeuer mit Wohnhaus im Nordmeer.

Die Aufgabe als ersehnter Postbote hat die Hurtigruten nach dem Zweiten Weltkrieg mehr und mehr abgegeben an die neu eingerichtete fliegende Hurtigrute. Nur bei schlechten, winterlichen Wetterverhältnissen, wenn keine Landemöglichkeiten bestehen, greift man auf die bewährte Schiffstour zurück.

Obwohl der Komfort auf der Hurtigruten dem von Kreuzfahrtschiffen gleicht, ist für die Norweger ihre ursprüngliche Funktion als Transportmittel von einem Hafen zum nächsten geblieben. Die Fahrgastzahlen nehmen bei den Einheimischen sogar mehr zu als bei den Touristen. Wie volkstümlich die moderne Hurtigruten nach wie vor ist, beweist die Gewohnheit einer Gruppe von Rentnern in Vardø. Um die Monotonie ihres Alltags zu durchbrechen, gehen sie jedes Mal, sobald das Schiff festgemacht hat, in den Coffeeshop, um dort bei einer Tasse Kaffee Neuigkeiten aus aller Welt zu erfahren.

Fünfeinhalb Tage ist die Hurtigruten von Bergen nach Kirkenes unterwegs und ebenso lang zurück. Dabei läuft sie 32 Häfen an. In den Sommermonaten verlässt man Bergen zwei Stunden früher, da als touristisches Highlight ein Abstecher in den Geirangerfjord angeboten wird.

Wer sich genauer mit der spannenden Geschichte dieser traditionellen Schiffslinie beschäftigen möchte, dem sei das Hurtigrutenmuseum in Stokmarknes auf den Lofoten empfohlen. Dieses Museum wurde 1993 anlässlich des 100-jährigen Jubiläums der Hurtigrute eröffnet. In Stokmarknes gründete im Jahre 1881 Richard Wirth, der »Vater der Hurtigrute«, die Vesterålen Damskipsselskap. An der Anlegestelle hat man ein Denkmal dieses Mannes errichtet.

Folgende Doppelseite: Ganzjährig befördern die Postschiffe heute vor allem Touristen.

Die vor allem grünlich schimmernde Erscheinung des Polarlichts verzaubert den dunklen Winterhimmel und versöhnt mit der Polarnacht.

NORDLYS
SCHENKER

Keinem, der mit der Hurtigrute die magische Grenze des Polarkreises überquert, bleibt sie erspart, die Polarkreistaufe. Gern nimmt man für einen kurzen Moment Platz im Kapitänssessel auf der Brücke.

Folgende Doppelseite: Die kühne Konstruktion der neuen Oper am Oslofjord löste in der Hauptstadt keineswegs nur Begeisterung aus.

O P E R

NORWEGEN IN EINER NUSS-SCHALE

Die Hauptstadt Oslo

Oslos monumentales Rathaus wurde zum 900-jährigen Jubiläum der Stadt, im Jahre 1950, eingeweiht. Über die »Schönheit« dieses Bauwerks wurde viel diskutiert, versöhnlich stimmt die Lage am Ende des Fjordes. Von hier aus starten die Schiffe hinüber zur Museumsinsel Bygdøy.

Herbst fiel plötzlich in Oslos Straßen
An meinem sonnenverbannten Geburtstag.
Kalte Wasser waschen den Kot von den Bronzeköpfen
Der muskulösen Midlifemänner im Vigelandpark.

MILAN RICHTER

Im Plenarsaal des Rathauses, der wie ein klassisches Amphitheater geformt ist und Motive aus Stabkirchen und Wikingerschiffen enthält, dominieren die Farben Rot und Gelb.

Der Wikingerkönig Harald III. war es, der die Stadt im Jahre 1048 gründete, erfuhr ich von Ketil Bjørnstad, der mich in Gardermoen abgeholt hatte. Als Autor von Romanbiografien norwegischer Berühmtheiten wie Edvard Grieg und Edvard Munch kennt er sich bestens aus in der Geschichte seines Landes und seiner Hauptstadt. Auf der Fahrt hinein ins 50 Kilometer entfernte Stadtzentrum erzählt er, dass dieser moderne Airport 1998 in Betrieb genommen wurde, weil der alte in Fornebu für das moderne Norwegen nicht mehr genügte. In Gardermoen bestand übrigens schon 1914 ein Start- und Landeplatz, und kein Geringerer als der Polarforscher Roald Amundsen hat da seinen ersten Alleinflug absolviert.

Wir sitzen im umweltfreundlichen Flytoget, wie der Flughafenzug heißt, und Ketil erklärt mir, dass der Name Oslo übersetzt »Ebene der Götter« heißt, ein direkter Bezug zum nordischen Göttergeschlecht der Asen. Zunächst hatte der Ort weder wirtschaftlich noch politisch eine Bedeutung. Es gab zwar Kirchen und mehrere Klöster sowie einen Königshof (Akershus) als Absteige für den jeweiligen Herrscher, als die eigentlichen »Hauptstädte« galten jedoch zuerst Trondheim und später Bergen. Erst 1299 wurde Oslo offiziell Reichshauptstadt.

Einen Aufschwung erlebte Oslo 1591 während der Dänenherrschaft. Damals kam Christian IV. aus Kopenhagen, um in Akershus seinen Herrschaftsanspruch über Norwegen zu bestätigen. Bei dieser Gelegenheit ließ er die gerade mal wieder durch Feuer weitgehend verbrannte alte Holzstadt völlig neu aus Steinhäusern aufbauen. Daraufhin erhielt die Stadt nach ihm den Namen Christiania. So hieß sie bis zum Ende der Dänenherrschaft im 19. Jahrhundert. Mit der Sprachreform wurde aus Christiania ein Kristiania, bis man 1925 endgültig zurückkehrte zur ursprünglichen Bezeichnung »Oslo«.

Oben: Das Parlamentsgebäude im Zentrum der Stadt wurde 1866 fertiggestellt. Die gelbe Ziegelsteinfassade ist eine Vereinigung aus lombardisch-romanischem und nordischem Stil.
Unten: Säuleneingang zur alten Universität von Oslo an der Karl-Johan-Straße.

Eindrücke von der Flaniermeile Karl-Johan-Straße im Herzen der Stadt.

Inzwischen waren wir an der Haltestelle »Nationaltheatret« angelangt, und Ketil schlug vor, in die Holmenkollbane umzusteigen, die erste elektrifizierte Vorstadtbahn Oslos. Von oben, wo die berühmte Skischanze stehe, habe man den schönsten Blick über die Hauptstadt. Seit 1892 gibt es an dieser Stelle eine Schanze, modernisiert für die Olympischen Spiele 1952. Ein kleines Museum unter dem Schanzentisch dokumentiert die Entwicklung des Skilaufs in Norwegen. Wir fahren bis zur Endstation Frognerseteren. Von der Hotelterrasse aus hat man den besten Blick. Um mich auch kulinarisch in sein Land einzuführen, aßen wir eine Portion Waffeln (Vafler), diese herzförmigen Dinger aus Butter, Eier, Zucker und Mehl, die es bereits im Mittelalter gab und die überall und bei jeder Gelegenheit gegessen werden. Am norwegischsten schmecken sie belegt mit dem braunen Ziegenkäse aus dem Gudbrandstal.

Unter uns glänzt der Oslofjord, darauf als weiße Pünktchen die Segelboote, hinter uns erstreckt sich als endloser Wald die Nordmarka. Das ist das Naherholungsgebiet der Städter, im Winter von Loipen durchzogen und im Sommer Wandergebiet zum Pilze- und Beerensammeln. Besonders im 19. Jahrhundert war das Holz eine wichtige Einkommensquelle der Stadt, und manche wurden reich davon, andere gingen pleite.

Der Fjord, der Wald, das Skilaufen, alles typisch für sein Land, sozusagen Norwegen in der Nussschale, doch wenn ich noch einen tieferen Eindruck davon erhalten wolle, müsse ich die Insel Bygdøy besuchen. Und Ketil deutet auf eine ziemlich große Halbinsel. Doch vorher wollte er mir das Herz der

Stadt zeigen, die Karl Johan. Damit ist die Straße zwischen Königsschloss und Parlament gemeint, benannt nach dem letzten fremden Monarchen aus dem Nachbarland Schweden, bevor Norwegen endgültig wieder einen eigenen Regenten bekam.

Wir kehren mit der T-bane, wie die Metro heißt, zurück zur Haltestelle »Nationaltheatret«. Rolltreppe nach oben, wieder Tageslicht, und vor uns steht das Schauspielhaus, jedenfalls seine Rückseite. Eröffnet wurde es 1899, und auf der Vorderseite trifft man auf die ersten Direktoren des Hauses, Henrik Ibsen und Bjørnstjerne Bjørnson. Das gelbe Gebäude auf der gegenüberliegenden Straßenseite mit den antiken Säulen ist die alte Universität von 1811.

Hinter uns führt ein Weg hinauf zum königlichen Schloss. Eine breite Steintreppe mit anschließender Balustrade gestaltet den Vorplatz, und mittig auf einem Steinsockel erhebt sich das Reiterstandbild des Erbauers, Karl Johan. Mit kritischem Blick scheint er das Parlament und den Eidsvollplatz am anderen Ende der Straße zu mustern, sitzen doch dort die seine Macht in Frage stellenden Volksvertreter. Als Besichtigungsobjekt ist das Schloss, vor dem unauffällig zwei Wachtposten patrouillieren, nicht unbedingt verlockend, und die japanische Touristengruppe schwenkt nach kurzem Blick ab, hinüber zur Nasjonalgalleriet, um sich Edvard Munchs berühmten »Schrei« anzuschauen.

Wir bummeln die Karl Johan hinunter, tauchen ein in das Menschengewimmel, passieren Straßencafés, in denen gut gelaunte Menschen unter Sonnenschirmen ein kühles Bier genießen.

Die Karl-Johan-Straße ist die Verbindung zwischen Parlament und Stadtschloss. Hier findet man die schönsten Geschäfte, die besten Hotels und die gemütlichsten Cafés der Hauptstadt.

Thor Heyerdahls »Kon-Tiki«, mit der er 1947 in 101 Tagen von Peru nach Polynesien segelte. Zu besichtigen auf der Museumsinsel Bygdøy.

Straßencafé an der Karl Johan, man nutzt hier jeden Sonnenstrahl. Im Hintergrund sieht man das Schloss.
Bilder unten: Im Schacht der Tunnelbahn, wie die U-Bahn in Oslo heißt, sind Gaukler und Schulkinder zu sehen.
Bild rechts (S.49): In der modernen Architektur in der Oper und auf Aker Bryggen spielt das Spiel mit Licht und Schatten die Hauptrolle.

Ketil hat das »Grand Café« ausgesucht, ein traditionelles Lokal mit Plüsch und Klunker, in dem um 1880 eine Gruppe von rebellischen Künstlern, die sogenannte Kristiania-Boheme, verkehrte. Sie propagierten die freie Liebe und provozierten mit ihrer Mal- und Lebensweise die anständigen Bürger der Stadt. Heute hängen ihre Bilder in der Nasjonalgalleriet.

Auf einem großen Wandgemälde im »Grand Café« sind alle diese Künstler festgehalten, man erkennt Edvard Munch, Christian Krohg und Frits Thaulow, und sogar der gestrenge Theaterdirektor Ibsen ist zu sehen.

Der nordische Gott Thor mit seinem Hammer Mjølnar ist in dem von Ziegenböcken gezogenen Streitwagen unterwegs, um gegen die Riesen zu kämpfen. Das Schnitzwerk ist Teil eines Frieses im seitlichen Aufgang zum Rathaus.

Das sei das Oslo von gestern, meint Ketil etwas bedauernd, inzwischen werde aus der »Ebene der Götter« zwischen Wald und Fjord eine postmoderne Metropole, die sich ganz an der großen Welt orientiert. Und die Künstler treffen sich inzwischen im »Theatercafeen«.

Ausflug nach Bygdøy

In der Touristeninformation hinter dem Rathaus erhalte ich alle nötigen Informationen für meinen Ausflug nach Bygdøy. Es sei keineswegs nur eine Museumsinsel, werde ich aufgeklärt. Diese Halbinsel verfügt nämlich neben einem größeren Waldgebiet über drei Badestrände und einen königlichen Bauernhof mit konventioneller Viehwirtschaft.

Schiff oder Bus, beide Verkehrsmittel bringen den Touristen hin. Ich entscheide mich für die Fähre, Abfahrt von Kai 3 (Rådhusbrygge 3) vor dem Rathaus. Über die Schönheit dieses schwerfälligen Ziegelsteinkolosses mit den zwei 67 Meter hohen Türmen lässt sich streiten. Bereits 1931 gab es die Grundsteinlegung, aber erst 1950 anlässlich der 900-Jahr-Feier fand die offizielle Einweihung statt. In den seitlichen Aufgängen sind in Holz geschnitzt Schlüsselszenen der nordischen Mythologie dargestellt, innen hängen überlebensgroß Gemälde der Könige nach 1905. Und der Blick aus dem lang gestreckten Saal hinaus aufs Meer lässt die fragwürdige Ästhetik des Gebäudes vergessen.

Beim Ablegen des Schiffes an der Rådhusbrygge bricht die Sonne durch und taucht den Oslofjord in glänzendes Morgenlicht. Ich stehe an der Reling und sehe das grüne, zeltförmige Dach des Fram-Museums auftauchen. Wer hier aussteigt, kann außerdem das Schifffahrtsmuseum besuchen und nebenan das Kon-Tiki-Museum mit dem Balsa-Floß von Thor Heyerdahl. Ich bleibe bis zum nächsten Halt, mein Ziel ist das Norsk Folkemuseum, ein Freilichtmuseum mit 155 traditionellen Gehöften und Häusern aus verschiedenen Regionen des Landes.

Beim Anblick dieser altnorwegischen Bauernhöfe fühlt man sich in eine andere Zeit versetzt. Alle sind sie aus gewaltigen Baumstämmen gebaut. Auf

den Dächern wächst Gras, darunter befindet sich eine Schicht aus Birkenrinde. Im Innern der Häuser herrscht eine eigenartige Stimmung. Zum Teil gibt es nur den nackten Lehmboden, dazu eine offene Feuerstelle, über der ein schwerer Kessel hängt. Der Tisch besteht aus einer gewaltigen, armdicken Platte, die auf schweren Blöcken ruht. An der Wand entlang laufen Bänke, und bei der Feuerstelle steht ein aus einem Block roh herausgehauener Sessel. Freundlich erklären Mädchen in Volkstrachten, die die Aufsicht führen, die Funktion der unterschiedlichen Gerätschaften an den Wänden. Man wandert von Setesdal bis Numedal, betritt ein Gehöft in der Provinz Telemark und eines im Gudbrandstal. Trotz der friedlichen Idylle, die die Räume ausstrahlen, ahnt man den harten und entbehrungsreichen Alltag, den die Menschen damals zu ertragen hatten, und man kann sich vorstellen, warum ein junger Normanne gerne einmal im Jahr die dunkle Stube verließ, um »auf Viking« zu fahren.

Im Frogner-Park sind die steinernen Figuren des Gustav Vigeland zu sehen: monumentale Schilderungen der Lebensphasen der Menschen und ihrer Beziehung zu einander. Während die einen sich an der Natur des Parks erfreuen, bestaunen die anderen die Kunstwerke.

Noch klarer wird diese Motivation bei einer Besichtigung der wenige Schritte entfernt ausgestellten Wikingerschiffe. Man spürt förmlich die Abenteuerlust, den Freiheitsdrang und den Wagemut, den diese Drachenboote ausstrahlen. Das Osebergschiff wurde bei Tønsberg an der Einfahrt zum Oslofjord 1904 ausgegraben, in Oslo in der Universität restauriert und 1930 nach Bygdøy transportiert. Es handelte sich um ein Frauengrab, und weil es eine vornehme Dame war, die da um 800 die Reise ins Jenseits antrat, hat man sie mit allem ausgerüstet, was dazu erforderlich war. Neben den nötigen Haushaltsgegenständen fand man Schlitten, Betten mit Bettzeug, gefüllt mit Daunen und Federn, 13 Pferde, sechs Hunde, zwei Ochsen und sogar eine Sklavin.

Die Rückkehr in das Oslo des 21. Jahrhunderts verlangt nach dieser Reise in die Vergangenheit, geprägt einerseits vom behäbigen Bauernleben im Rhythmus der Jahreszeiten, andererseits von waghalsigen Fahrten der Wikinger, eine gewisse Umstellung.

Begonnen hat der Aufbruch Oslos in die Moderne mit dem Bau des neuen Hauptbahnhofs, »Centralstationen«. Es folgte diskret hinter den alten Fassaden versteckt die Einrichtung einer Shoppingmeile an der Karl Johan, und 1982 schließlich wurde aus der traditionsreichen Aker-Werft am Hafen, wo über 100

Oben: Die Fähre, hier Abfahrt in Kiel, ist nach wie vor eines der wichtigsten Verkehrsmittel von und nach Norwegen. Unten: Der Hauptbahnhof in Oslo mit Geschäften und kleinen Restaurants.

Schiffe gebaut worden waren, ein riesiges Einkaufszentrum aus Glas und Stahl, mit Büros, Geschäften, Boutiquen, Restaurants und Straßencafés.

Alt und Neu in selbstverständlicher Eintracht, so heißt das Motto der Stadtplaner. Eine weitere Kostprobe davon erhalte ich bei einem Spaziergang den Kai entlang Richtung Centralstation. Gewaltig steht da die ehemalige Mittelalterburg Akershus als Wächter am Fjord und kündet von vergangenen Zeiten. Unter Håkon VI. wurde die Festung fertiggestellt, Christian IV. machte später daraus ein Renaissanceschloss. Unter der Anlage verläuft mehrspurig die E 18, und in der nächsten Hafenbucht steht als futuristische Architektur das weiße Gebäude der Neuen Oper. In Sichtweite ragt turmgleich mit 22 Stockwerken das »SAS-Hotel« in die Höhe, mit herrlichem Blick sowohl zum Fjord wie zur Holmenkollenschanze. So mausert sich auch Oslo, die provinziellste der drei nordischen Hauptstädte, zunehmend zur modernen Metropole.

Oben: Die Einfahrt zum Osloer Hafen im Morgennebel. Unten: Die beliebte Wohnlage am Oslofjord.

UND EWIG SINGEN DIE WÄLDER …

Das Seen- und Gebirgsland Ostnorwegens

Weite fruchtbare Täler mit Bauerngehöften, gesäumt von bewaldeten Gebirgshöhen, prägen die Landschaft.

Wie groß dieser Wald! und wir dürfen hier zusammen sein!
Reglos stehen wir:
Jetzt streicht ein milder und ernster Abend
durch den Wald.

Haldis Moren Vesaas

Holz ist nicht nur ein wichtiger Exportartikel, sondern auch wesentliches Baumaterial der meisten norwegischen Häuser.

Leise gleitet der Zug aus dem Osloer Hauptbahnhof. Der Großraumwaggon ist hell und freundlich, an der Tür steht in einem Gestell eine Karaffe frisches Wasser, daneben Wegwerfbecher, norwegischer Service. Im Reisegepäck habe ich zwei dicke Schmöker über das norwegische Mittelalter, verfasst von Sigrid Undset. Dafür hat man ihr 1928 den Nobelpreis für Literatur verliehen. Schauplatz ihrer Romane ist unter anderem die Seen- und Gebirgslandschaft Ostnorwegens mit dem Städtchen Hamar. Im benachbarten Lillehammer steht das Haus der Dichterin. Dorthin ist sie 1919 gezogen, fort vom geschäftigen Oslo, um sich ungestört dem Schreiben widmen zu können. Und dort treffen sich alljährlich Professoren, Schriftsteller und Übersetzer zu einem Gedankenaustausch über das Werk der Nobelpreisträgerin. Diesmal war ich eingeladen.

Die Gegend vor dem Zugfenster wird nun rasch ländlich, Wälder, Wiesen, Gehöfte und dann Eidsvoll, der historische Ort, wo am 17. Mai 1814 112 Volksvertreter die norwegische Verfassung beschlossen haben. Die Bahnlinie hierher war die erste im Land, eröffnet 1863, nach Hamar konnte man erst 1886 fahren, und der Anschluss nach Lillehammer und ins Gudbrandstal kam 1894.

Die Ortschaft Eidsvoll liegt am Südende von Norwegens größtem See, dem Mjøsa-See, 107 Kilometer lang mit einer Fläche von 368 Quadratkilometern. An einer Stelle ist er über 450 Meter tief, weshalb regelmäßig Gerüchte von einer dort befindlichen Seeschlange auftauchen. Das erzählte mir Ragnhild, eine fröhliche Norwegerin, die in Eidsvoll zugestiegen war und in der Tourismusbranche arbeitet.

Der Zug folgt dem Seeufer weiter nach Norden, und ich erfahre, dass die besondere Sehenswürdigkeit auf dem Mjøsa kein Seeungeheuer, sondern ein altehrwürdiger Raddampfer ist, der seit 1856 seinen Dienst tut. »Der weiße Schwan des Mjøsa« heißt das Schiff im Volksmund, am Bug steht »Skibladner«. Der Name stammt aus der nordischen Mythologie. Die Asen ließen sich

Die traditionellen Grasdächer sind zwar intensiv in der Pflege, denn sie müssen gegossen und gemäht werden, aber sie belohnen mit einer guten Isolation gegen Sommerhitze und Winterfrost.

einst von den handwerklich geschickten Zwergen ein Wunderschiff dieses Namens bauen. Es hatte stets Wind in den Segeln, konnte auch auf dem Land fahren und war bei Bedarf auf Nussgröße verkleinerbar. Vom Wind unabhängig ist die »Skibladner«, war also 1856 durchaus ein Wunderschiff. Die Götter benutzten es, um damit zu den Riesen am Ende der Welt zu reisen, der Raddampfer begnügt sich damit, in den Sommermonaten die Orte Eidsvoll, Hamar, Lillehammer und Gjøvik anzulaufen.

Meine Reisebegleiterin musste in Hamar umsteigen in die Rørosbahn, die durch das einsame Østerdal hinauf in die Grubenstadt Røros fährt.

Ich vertiefte mich wieder in Undsets Roman über Olav Audunssohn und seinen Ausflug nach Hamar. Zu dieser Zeit war Hamar ein wichtiger Marktflecken mit einem Kloster, 1152 wurde es vom päpstlichen Gesandten in Rom zum Bischofssitz erhoben. Heute ist davon nur die Ruine des Doms übrig geblieben.

Olav Audunssohn lebte auf dem großen Bergbauernhof Hestviken, war der Pflegesohn von Steinfinn. Seine Eltern hatten ihm als Erbe eine kostbar verzierte Streitaxt hinterlassen. Das war der ganze Stolz des Knaben, und als das schöne Stück durch Unachtsamkeit beschädigt worden war, beschloss Olav, hinunter nach Hamar zum Waffenschmied zu gehen. Dazu musste er früh vom Berghof aufbrechen, um ins Tal und mit dem Boot über den See zu gelangen.

»Es war eine gute Weile vor Sonnenaufgang, als er sich am nächsten Morgen aus der Halle stahl, draußen war es aber schon tagehell, still und kühl. Die Luft war kalt vom Tau – wohltuend wie ein Bad, nach dem derben Geruch

der Männer und der Hunde drinnen ... Vogelkirschenbäume standen grünweiß mit Blüten übersät zwischen den Äckern – es war Frühling, sogar hier oben. Tief unten lag der See und glänzte mattgrau mit dunklen Streifen ...«

Auf den Hochebenen des Ostens wechseln sich sumpfige Graslandschaften, Geröllfelder und schneebedeckte Gebirge ab.

Nach der Reformation hat Hamar seine führende Stellung an Lillehammer abgeben müssen, das heute der wichtigste Ort am Mjøsa-See ist. Dort fanden 1994 die XVII. Olympischen Winterspiele statt, und Hamar musste sich mit der Austragung der Eislaufwettbewerbe begnügen.

Sigrid Undsets Haus Bjerkebæk ist seit einigen Jahren für interessierte Besucher zugänglich. Das Haupthaus, ein in traditioneller Manier gefügtes Blockhaus, war beim Einzug der Dichterin bereits 250 Jahre alt und stand ursprünglich als Teil eines Gehöfts in Kvam im Gudbrandstal. So schrieb sie gewissermaßen in historischer Umgebung, denn auf einem Hof im Gudbrandstal, sie nennt ihn Jörundhof, verbringt Kristin Lavranstochter, die Hauptperson ihres gleichnamigen Romans, mit dem rechtschaffenen Vater Lavrans und der schwermütigen Mutter Ragnfrid eine behütete Kindheit. Zum Jörundhof gehört natürlich eine Alm, wo das Vieh im Sommer weidet, und die siebenjährige Kristin durfte dorthin.

»Als Kristin sieben Jahre alt war, geschah es einmal, dass sie ihren Vater auf die Alm begleiten sollte. Es war ein schöner Morgen im vorgerückten Sommer. Kristin stand in der oberen Stube des Vorratshauses, wo sie jetzt zur Sommerszeit schliefen; sie sah die Sonne draußen scheinen und hörte ihren Vater und die Männer unten auf dem Hofplatz sprechen – da freute sie sich so, dass sie nicht stillstehen konnte. (...) Sie war noch nie oben in den Bergen gewe-

Kampf gegen die Trolle

Die Geschichte von Peer Gynt aus dem Gudbrandstal

Edvard Grieg mit Frau Nina beim Lesen der Partitur für die Peer-Gynt-Suite (rechts) und das Musikzimmer des Komponisten (unten).

Rechte Seite: Der Peer-Gynt-Hof im Gudbrandstal. Von hier aus zog Peer Gynt zu seinen Abenteuern in die Berge und in die weite Welt.

Über 200 Kilometer lang ist das Gudbrandstal, das wegen seiner schönen und abwechslungsreichen Natur gerne als das Tal der Täler gepriesen wird. Eingerahmt ist es von den Gebirgsmassiven Jotunheimen mit seinen vielen über 2000 Meter hohen Gipfeln und seinen Gletschern auf der einen Seite und dem Rondanegebirge auf der anderen Seite. Die weite und wilde Einsamkeit der Berglandschaft lud dazu ein, sich fantastische Geschichten auszudenken von Riesen und Trollen, die hier ihr Unwesen trieben. Aufgeschrieben wurden diese Geschichten von Peter Christen Asbjørnsen und Jørgen Moe, den norwegischen Gebrüdern Grimm.

Eine handelt von einem Jäger und Bauern, der den Nordhof Hågå im Gudbrandstal bewirtschaftete. Er hieß Peer Gynt und war kein braver Landwirt, der sich um das Vieh und die Äcker kümmerte. Am liebsten stieg er hinauf ins Gebirge, streifte mit seiner Büchse über die endlosen Hochebenen, Moosflächen, Felsen und Geröllhalden der Rondaneberge. Manches Mal war er schon im dichten Morgennebel auf den Beinen, den Hund an seiner Seite, um den kaum sichtbaren Hornspuren einer Rentierherde zu folgen. War das Wetter stürmisch und kühl, blieb er die Nacht in einer der Almen, die zu den Höfen im Tal gehörten. Hier verbrachten die Sennerinnen, meist junge Mädchen, den ganzen Sommer über allein mit dem Vieh und verarbeiteten in hölzernen Butterfässern die Milch zu Käse und Butter. Das war ein zwar anstrengendes, aber auch schönes Leben, wenn da nicht die grässlichen Trolle des Nachts zu den Almen gekommen wären.

Wie so ein Besuch ablief, wird in einem der Märchen geschildert.

»Es war einmal in alten Tagen ein Jäger aus Kvam«, beginnt die Geschichte, »und der hieß Peer Gynt. Er war ständig im Gebirge und schoss dort Bären und Elche. Einmal spät im Herbst zog Peer wieder in die Berge, aber außer drei Sennerinnen waren alle schon heimgezogen. Peer erfuhr, dass einige Trolle es auf die Mädchen abgesehen hatten. Er nahm den Hund und zog nordwärts hin zur Alm. Als er eintrat, war es kohlrabenschwarz, kein Feuer brannte. Aber vier Trolle waren drinnen, einer stand Wache, die drei anderen bemühten sich um die Sennerinnen. Zwei der Mädchen waren ganz verschreckt, nur die dritte, die geile Kari, hatte keine Angst. Sie sollten nur kommen, meinte sie, und wollte doch sehen, ob etwas dran sei an ihnen!

Als die Trolle merkten, dass Peer da war, fingen sie an zu jammern und wollten Feuer machen. Da stürzte sich der Hund auf den einen, den anderen erschlug Peer mit dem Gewehrkolben, der dritte entkam durch den Kamin. Danach begleitete Peer die Mädchen ins Dorf.«

So soll es sich zugetragen haben, und bei einer Fahrt durchs Gudbrandstal stößt man überall auf Spuren dieses legendären Peer Gynt. In Vinstra, einer Haltestelle der Eisenbahnlinie nach Trondheim, findet man den Hågå-Hof, und von hier aus kann man auf dem Peer-Gynt-Seterweg nach Kvam wandern.

Oben: Das Städtchen Elverum.
Mitte, unten und rechts: Freundlich rot leuchten die Häuser im Gudbrandstal vor dem blauen Himmel und den reifen Getreidefeldern.

Eines der größten Freilichtmuseen Nordeuropas: Meihaugen in Lillehammer. Die ersten Gebäude aus dem Gudbrandstal wurden bereits 1887 hier aufgebaut.

sen, sondern nur über den Gebirgseinschnitt nach Vaage gekommen, wenn sie zu Besuch bei den Verwandten ihrer Mutter auf Sandbu mitgedurft hatte, oder war mit der Mutter und mit dem Gesinde vom Hof in den zunächst liegenden Wäldern gewesen, wenn sie hinausgingen und die Beeren pflückten, die Ragnfrid ihrem Dünnbier zusetzte. Ragnfrid bereitete auch ein saures Gemisch von Preiselbeeren und Moosbeeren, das sie während der Langen Fasten statt der Butter zum Brot aß.«

Diese Zeilen schrieb Sigrid Undset in ihrem Haus Bjerkebæk, wo sie am Dienstag, den 13. November 1928, mit ihrem Exmann, der zufällig zu Besuch war, und ihrem Strickzeug beim Nachmittagskaffee saß. Da klingelte das Telefon. Sie ging an den Apparat, und als sie zurückkehrte, sagte sie nur: »Ich habe also den Nobelpreis bekommen.« Aus der Hand des schwedischen Königs nahm sie die Ehrung in Stockholm entgegen. Und als sie mit dem Zug wieder wohlbehalten in Lillehammer eintraf, wurde sie von Tausenden begeisterter Menschen empfangen, die sie mit Fackeln in einem Pferdeschlitten zu ihrem Haus Bjerkebæk geleiteten.

Wer in Lillehammer Station macht, sollte dem dortigen Freilichtmuseum, dem Sandvigske Samlinger, einen Besuch abstatten. Es zählt mit 185 Gebäuden zu den größten derartigen Freilichtmuseen in Nordeuropa. Liebevoll hat man auf Maihaugen die Häuser mit Wohnstuben und Ställen aus dem Gudbrandstal wieder aufgebaut. Man erhält einen umfassenden Einblick in die norwegische Bauernkultur, die Falschmünzerei in einem hohlen Baum fasziniert ebenso wie der Pranger vor der Stabkirche, die man aus Lom geholt hat.

Diese Stabkirche wird übrigens häufig für Hochzeiten benutzt. In einer gesonderten Abteilung werden Werkstätten von dreißig verschiedenen Handwerken aus ganz Norwegen gezeigt, vom Schmied über den Schuhmacher bis zum Buchbinder.

Oben: Die Stabkirche stammt aus Lom und wird noch immer für Hochzeiten benützt.
Unten und links: Im Sommermonat Juli lebt und arbeitet hier eine Familie, so wie es 1890 üblich war.

Die Grubenstadt Røros

Wenn man aus dem lebenslustigen Lillehammer in das nördlicher und höher gelegene Røros kommt, fragt man sich, was die Menschen wohl bewogen hat, in dieser kühlen und rauen Umgebung zu leben. Bereits auf der Fahrt hierher, an der Glåma entlang, Norwegens längstem Flusslauf, durch endlose Wälder, in denen neben Elchen, Füchsen, Luchsen und Vielfraßen vereinzelt auch Bären und Wölfe unterwegs sind, kündigt sich die Veränderung an. Anlass für die Gründung von Røros in dieser gottverlassenen Gegend, in der im Winter das Thermometer bis zu 50 Minusgrade anzeigt, war ein Stück Kupfererz, das der Jäger Hans Olsen Aasen 1644 fand. Man entdeckte schnell den ungeheuren Reichtum an Bodenschätzen, und es entstand eine Grube nach der anderen. Von allen Seiten strömten die Menschen herbei in der Hoffnung, ein bisschen Glück und Wohlstand zu erlangen. Über die nahe gelegene Grenze kamen die Schweden, sogar die sonst auf ihre Freiheit bedachten Samen verdingten sich, und aus Deutschland warb man sächsische Bergbauspezialisten an. Von 1644 bis 1814 wurden 45 000 Tonnen Kupfer produziert, und für die dazu erforderliche Holzkohle musste das gesamte Waldgebiet herhalten. Reich dürften nur die wenigsten geworden sein, neben der Arbeit in den Bergwerken betrieben viele noch eine kleine Landwirtschaft, und wenn man durch die schmalen Gassen des Ortes spaziert, die Namen tragen wie Mørkstuegate, auf Deutsch: »Dunkle-Stuben-Straße«, erscheint das wie ein Hinweis auf die tristen Lebensverhältnisse der Bergleute. Das »Brot der Nacht«, wie der Dichter Johan Falkberget (1879–1967) in einem seiner Romane das Kupfererz nennt, war hart zu verdienen. Falkberget wusste, wovon er schrieb. Bereits als Zwölfjähriger begann er in der Kongens Gruve damit, die Erzklumpen im kalten Wasser zu waschen, eine Tätigkeit, die die Kinder zu verrichten hatten.

Ein anderer von Falkbergets Grubenromanen trägt den Titel »An-Magritt«. Die Heldin ist eine starke und mutige Frau, die das Erz mit ihren Ochsen über die Rørosvidda transportiert. Im gleichnamigen Film, der in Røros vor Originalkulisse gedreht wurde, spielt Liv Ullmann die Rolle der An-Magritt. Stärke und Mut allein reichten allerdings nicht, um zu überleben, das Wohl und Wehe der Bergleute hing nicht zuletzt vom Kupferpreis ab. So gesehen erscheinen die auf den ersten Blick so idyllisch wirkenden, schwarz geteerten Bergarbeiterhäuschen, die wegen ihrer Originalität 1980 von der UNESCO zum Weltkulturerbe erklärt wurden, in einem anderen Licht.

Das einzige Steingebäude, das sich über den niedrigen Hütten imposant erhebt, ist die als »Gebirgskathedrale« bezeichnete Kirche aus dem Jahre 1784. Die Kanzel befindet sich direkt über dem Altar, jeder sollte das tröstliche Wort Gottes von einem glücklichen Jenseits vernehmen können.

Der Erzplatz mit der Hüttenglocke gehört heute zu dem beliebtesten Fotomotiv eines jeden Besuchers.

Östlich von Røros, fast an der schwedischen Grenze, liegt abseits und friedlich ein wenig bekanntes Wandergebiet, die Femundsmarka mit dem Femundsee. Die urwüchsige Wald- und Felslandschaft bietet sich an für lange Fußmärsche in wilder, unberührter Natur. Die »M/S Fæmund II«, ein Schiff, das seit 1905 auf dem See verkehrt und Post, Waren und Menschen zu den entlegenen, zu Fuß unerreichbaren Gehöften bringt, ist auch für den Touristen eine willkommene Möglichkeit, den gefräßigen Stechmücken zu entfliehen. Das Femundseegebiet ist auch ein Paradies für Kanuwanderer und für Angler. Forellen, Barsche, Hechte und Äschen lassen sich erbeuten.

Oben: Die einfache, aber wirkungsvolle Zaunkonstruktion – ohne jeden Nagel. Die Höhe des Zauns kann je nach Bedarf gestaltet werden. Unten: Im Freilichtmuseum sind zwei Mädchen dabei auf traditionelle Art das Heu zu wenden.

Wo die Riesen hausen

Dovrefjell, Rondane, Jotunheimen

Die Gebirge Dovrefjell, Rondane und Jotunheimen sind heute beliebte Wandergebiete. Ihre Erschließung begann im 18. Jahrhundert.

Im Herzen Norwegens befinden sich die drei gewaltigen Gebirgsmassive Dovrefjell, Rondane und Jotunheimen. Sie bringen mehr noch als die Fjordlandschaft Wesen und Selbstverständnis des Norwegers zum Ausdruck. Jedes norwegische Schulkind wächst auf mit dem Märchen vom Huhn, das eines Nachts, als es auf einer Eiche schlief, träumte, es müsse unbedingt zum Dovrefjell gelangen, andernfalls ginge die Welt unter. Ob dieser Traum Wirklichkeit wird, das bleibt in der Geschichte offen, aber da die Welt noch nicht untergegangen ist ...

Auf den Dovrefjell haben auch die Väter der norwegischen Verfassung gesetzt, als sie sich 1814 in Eidsvoll bei der Verabschiedung ihres Gesetzeswerkes bei den Händen fassten und beschwörend die berühmten Worte sprachen: »Einig und treu, bis Dovre fällt.«

Im Rondanegebirge hausen die vielköpfigen Trolle, und es ist eine Tochter des Trollkönigs, die sich der ehrgeizige Peer Gynt, die Hauptperson in Henrik Ibsens gleichnamigem Drama, in Erwartung einer reichen Mitgift ausgesucht hatte. Der Trollkönig hat zwar nichts gegen eine Heirat, da diese Tochter ohnehin nur mit einem Kopf gesegnet war, stellte aber trotzdem Bedingungen. »Doch halt, mein Sohn,/Du musst ein paar Dinge uns auch versprechen/Und darfst nicht eine Bedingung brechen,/Sonst kommst mit dem Leben du

nicht davon./Zuförderst darfst du dich niemals bekümmern/Um das, was jenseits der Rondane ist.«
Die dritte Gebirgslandschaft, Jotunheimen, hat Ungeheuer und Riesen schon im Namen, das altnordische Wort »jotun« bezeichnet übermenschliche Wesen.
Zahlreiche Fallgruben, die man in diesen Gebirgen gefunden hat, deuten darauf hin, dass bereits in der Steinzeit Menschen hier jagten. Diese Gruben waren zum Teil durch Zäune zu einem raffinierten Fangsystem verbunden, und am Boden der Fallgruben waren spitze Pfähle angebracht. Auf den Gletschern fand man intakte Pfeile, vermutlich von Jägern, die ihre Jagdbeute, meist Rentiere, nicht getroffen und den Pfeil im Schnee verloren hatten.
Im Mittelalter wurden zahlreiche Steinkaten als Zufluchtsstätte für die Jäger errichtet. Einer dieser Unterschlupfe dürfte für König Øystein Magnusson gebaut worden sein, als Übernachtungsmöglichkeit auf dem langen und beschwerlichen Weg durchs Gebirge hinauf nach Trondheim.
Eine Bedeutung hatten diese Gebirgsgegenden auch für die friedliche Almwirtschaft. Im Sommer konnte man das Vieh auf den saftigen Bergwiesen weiden lassen. Heute werden die Almhütten (norwegisch »seter«) touristisch genutzt, als Gastwirtschaften mit Übernachtungsmöglichkeit.
Die touristische Erschließung von Dovrefjell, Rondane und Jotunheimen begann damit, dass sich Botaniker und Geologen für das Gebiet interessierten. Bereits 1756 war Professor Oeder von der Universität in Kopenhagen im Dovrefjell. Er sammelte Pflanzen für sein Werk »Flora Danica« (damals war Norwegen noch dänische Provinz). Er katalogisierte 44 Arten, darunter das nach ihm benannte Pedicularis Oederi, das Bunte Läusekraut.

Die gewaltigen Steine und Felsformationen regten die Phantasie an und man vermutete hier die Heimstatt übermächtiger Wesen. Das Wollgras diente den Trollkindern beispielsweise zur Polsterung ihrer Betten.

Eine wichtige Rolle in der Vegetation des Gebirges spielen die Flechten, weshalb hier Rentiere heimisch sind.

Die reiche Vegetation bietet den natürlichen Lebensraum für eine entsprechende Fauna. Eine Hauptrolle spielen hier die Flechten, weshalb seit dem Ende der Eiszeit das Rentier heimisch ist. Durch fossile Funde hat man festgestellt, dass es auch Moschusochsen gegeben haben muss. Deshalb führte man 1932 diese Tierart ins Dovrefjell-Gebiet ein. Zwar wurden die Tiere während des Krieges geschossen, doch 1947 stockte man den Bestand wieder auf. Das Klima im Dovrefjell passt den Tieren gut. Sie lieben die trockene Kälte, kommen leicht zu den Weideflächen, und mit ihrem zottigen Fell werden sie weder nass noch frieren sie.

Ein Raubtier, das gewöhnlich den Rentierherden folgt, ist der Vielfraß, den man im Snøhetta-Gebiet beobachten kann. Ansonsten gibt es noch Füchse, vor allem den Rotfuchs und den Polarfuchs.

Der ornithologisch Interessierte wird sich über den Goldregenpfeifer, den Mornellregenpfeifer und den Rotschenkel freuen. Die Zahl der Raubvögel ist unterschiedlich, doch brütet hier die seltene Kornweihe, außerdem gibt es Raufußbussarde, Sperber und Turmfalken.

Um diese besondere Naturlandschaft zu schützen, hat man 1962 im Rondanegebiet den ersten Nationalpark

Ein langer und beschwerlicher Weg durch das Gebirge führt bereits seit dem Mittelalter bis hinauf nach Trondheim. Schon damals sorgte man für Rastplätze und Übernachtungsmöglichkeiten.

Norwegens eingerichtet. Norman Heitkøtter, ein Aufseher des Nationalparks, schildert seinen Arbeitsplatz in all seiner herben Schönheit. »Der Berg von grauer Farbe, grauer Fels – grau die Hochebene. Oft grau vom schlechten Wetter. Aber nach solchen Schlechtwettertagen wirkt die von Flechten bewachsene Vidda so hell, fast kreideweiß unter dem blauen Herbsthimmel. Überall Flechten. Rentierflechte, Bartflechte, Salzmiere, isländische Flechte und auch die Cladonia stellaris, unzählige Arten. Sie bedecken die Hochebenen bis hinauf zu den Höhenzügen und den Geröllfeldern, ja sogar den nackten Fels. Und auf den glatten Felswänden mit den merkwürdigen Zeichnungen und Farben, das ist die Landkartenflechte. Bei trockenem Wetter knistern sie unter den Füßen, diese Flechten, fast wie das spröde Eis im Herbst, und bei nassem Wetter verwandeln sie sich in einen schwankenden Teppich. Nebelschwaden ziehen umher, bringen einen Hauch des Flusslaufs mit sich – verwischen unmerklich die Konturen. Wie Geisterwesen sind sie bei schlechtem Wetter hinter uns her.«

Am Dovrefjell hat man 1974 einen Nationalpark eingerichtet. Als Anziehungspunkt für ambitionierte Bergsteiger gilt Jotunheimen, der norwegische Gebirgsstock der Superlative, mit den höchsten Gipfeln des Landes und den meisten Gletschern. Unter den gut 200 Zweitausendern nehmen der Galdhøpiggen und der Glittertind mit über 2400 Metern den Spitzenplatz ein. Dazu kommen 60 Gletscher, die eine Fläche von 200 Quadratkilometern bedecken. Machtvoll sind die zahlreichen Wasserfälle, darunter der Vettisfossen.

DIE RIVIERA AM SKAGERRAK

Norwegens Südküste

Die weißen Häuser von Risør
– die Freizeitboote am Wasser –
das alles vermittelt südländisches Flair.

BRANDVAGT

Es war ein so schöner sonniger Tag,
Es litt mich nicht länger drinnen;
Ich schlenderte weltwärts und lag und lag
Und ließ die Gedanken spinnen.

BJØRNSTJERNE BJØRNSON

In den zahlreichen Gewässern sind die sportlichen Kanus, die man überall mieten kann, ein beliebtes Fortbewegungsmittel.

Mit Norwegen verbindet man gewöhnlich Kälte, Gletscher und Polarkreis, dass aber neben dem Nordkap auch ein Südkap existiert und neben dem Nordland auch ein Südland und Ferienparadies der Norweger, wird übersehen. Wer als Mitteleuropäer Sonne und Sandstrand sucht, fährt nicht nach Norwegen, sondern nach Italien oder Spanien.

Norwegens Südland mit dem Südkap Lindesnes ist von drei unterschiedlichen Landschaftstypen geprägt. Da gibt es einmal die stark zerlappte Schärenküste mit den fünf »weißen Städten« an der Skagerrakküste, Arendal, Lillesand, Grimstad, Tvedestrand und Risør. Dahinter schließt sich ein waldreiches Hügelland an, die Telemark, und den nördlichen Abschluss bildet die Hardangervidda.

Größere Orte findet man nur an der Küste des Südlandes. Die sogenannte Hauptstadt ist das von Christian IV. 1641 gegründete und nach ihm benannte Kristiansand. Als Standort dieser von dem Dänen Hans Jakobssøn Schørt entworfenen Stadt wurde eine westlich der Otramündung gelegene und dem Meer an zwei Seiten zugewandte Sandebene gewählt. Zu der Zeit gab es an der Südküste außer Skien keine größeren Orte mit Stadtrechten. Geplant wurde die Anlage, gemäß dem absolutistisch-merkantilistischen Städtebauideal, das heißt mathematisch exakt in Schachbrettform, für circa 15 000 Einwohner. Doch erwies sich diese künstliche Besiedelung trotz einer königlichen Order als ziemlich schwierig, und 25 Jahre nach der Gründung wohnten gerade mal 1550 Menschen in Kristiansand statt der vorgesehenen 15 000. Einen wirklichen Umschwung brachte erst die Industrialisierung im 19. Jahrhundert. Mit der Dampfschifffahrt und der Niederlassung von Spinnereien, Seifen- und Tabakfabriken und einer engeren Verknüpfung sowohl mit den Fischereiplätzen an der Südküste als auch der Forst- und Landwirtschaft im Hinterland setzte eine Entwicklungsphase ein, die bis heute anhält. Kristian-

Oben: Der Klassik der Griechen nachempfunden ist dieses Arkadenhaus am Domplatz von Kristiansand.
Unten: Das rote Backsteingebäude zeigt die alte Feuerwache in Kristiansand, die noch aus der Zeit der dänischen Herrschaft stammt.

In langer Reihe stehen die Bootshäuser am Strand.

sand ist inzwischen die fünftgrößte Stadt des Landes und spielt wegen ihres großen Hafens eine wichtige Rolle für die Erdölförderung im Korsvikfjord.

Wer sich für die ursprüngliche und von selbst gewachsene kleinstädtische und bäuerliche Lebensweise des Südlandes in früheren Zeiten interessiert, erhält im Vest-Agder-Fylkesmuseum einen lebendigen Eindruck vermittelt.

Anders als am Nordkap blinkt an Norwegens südlichstem Punkt seit 1655 ein warnendes Leuchtfeuer, und der Leuchtturm auf der Halbinsel Lindesnes ist der älteste des Landes. Für viele Seefahrer war er die erste Begegnung mit der norwegischen Küste, und wenn sie die Felsklippen von Lindesnes aus dem Meer steigen sahen, hat manch einer erleichtert aufgeatmet. Die Navigation war noch nicht so verlässlich, und beim Ruf »Land in Sicht« war die Orientierung wieder sicher. Von hier aus führte die Route an der Küste entlang ostwärts nach Schweden.

Der Bau des ersten Leuchtturms erwies sich als nicht so einfach. Drei Schiffe wurden von Kristiansand aus mit Material nach Lindesnes geschickt. Weil das Wetter so schlecht war, benötigten sie sieben Wochen. Ursprünglich wollte man ein offenes Kohlenfeuer installieren, aber das Schiff, das die Kohle aus England liefern sollte, traf nicht ein. So errichtete man einen dreistöckigen Holzturm, brachte oben Bleiglasfenster an und ließ dahinter 30 Talglichter brennen.

Der heutige, etwa 20 Meter hohe Eisenturm stammt aus dem Jahre 1915. Seit 2003 wohnt dort kein Leuchtturmwärter mehr, denn das Lichtsignal wird automatisch geregelt. Die ganze Südküste entlang stehen in gewissen Abstän-

den Leuchttürme, bis hinauf zum »verdens ende« (Ende der Welt), am Eingang zum Oslofjord. Dort steht der zweitälteste Leuchtturm Norwegens, »Færder fyr« aus dem Jahre 1697. Jon Erik Hansen aus Tønsberg und Øyvind Mossing aus Arendal waren die letzten Leuchtturmwärter, als man die Anlage 2005 automatisierte. Denn trotz modernster Ausstattung der Schiffe ist und bleibt der Skagerrak, der hier auf die Nordsee trifft, wegen der starken Westströmung verbunden mit Ostwind gefährlich. Die zahlreichen vorgelagerten Inseln, Schären und Holme werden dann leicht den Schiffen zum Verhängnis. Die Geschichte der Seefahrt ist voll von Berichten über Seeleute, die an der Südküste in Seenot gerieten. Schiffbruch erlitt an dieser Küste übrigens auch Richard Wagner, und dieses Erlebnis soll ihn dazu angeregt haben, den »Fliegenden Holländer« zu komponieren.

Vom Südkap Lindesnes sind es 2518 Kilometer bis zum Nordkap, das ist etwa so weit wie nach Rom. Vidar, ein Büroangestellter aus Oslo, ist die ganze Strecke vom Süd- zum Nordkap zu Fuß gelaufen und hat dafür 103 Tage gebraucht.

Nicht weit von Lindesnes, westlich davon, liegt das Städtchen Mandal mit einem 800 Meter langen Sandstand, dem »sjøsanden«, und damit ist bewiesen, dass am Skagerrak eine »Riviera« zu finden ist. Dazu kommt die vorgelagerte Inselwelt, die unter Naturschutz steht, und deswegen gibt es hier nicht so viele private Ferienhäuser und viele Möglichkeiten, an Land zu gehen.

Als die am besten erhaltene der weißen Städte gilt Risør mit 4500 Einwohnern. Die Bezeichnung »weiße Stadt« hat mit den weißen Holzhäusern zu tun.

Unten: Reisende auf der Schnellboot-Fähre von Kristiansand nach Hirtshals in Dänemark.

Folgende Doppelseite: 42 Kilometer lang schneidet der Lysefjord beinahe gradlinig in die Gebirgslandschaft. Eine Touristenattraktion ist das 600 Meter über dem Fjord gelegene Gebirgsplateau, das an der Spitze nur 25 x 25 Meter groß ist.

In Risør sind es die weißen Patrizierhäuser an der Sonnenseite am Hafen und die idyllischen kleinen Holzhäuser im Ortsinneren. Nichts ist hier der Modernisierungswut zum Opfer gefallen, die in manch anderen norwegischen Städten in der Nachkriegszeit sehr verbreitet war. Wenn man durch die engen Gässchen zwischen den Holzhäuschen spaziert, das Gekreische der Möwen in den Ohren und die frische Meeresbrise um die Nase, scheint die Zeit stillzustehen.

Und wenn dann im Sommer die diffuse Dämmerung der Mitternachtssonne einsetzt, beginnt ein beliebter Sport. Man fährt mit dem Boot hinaus zu den Schären und Holmen, um mit der Lampe Krabben zu fangen. Dann wird aus Treibholz ein Lagerfeuer entfacht und die Tierchen werden an Ort und Stelle gekocht und verzehrt. Das gehört für manche zu den schönsten Erlebnissen eines Norwegenurlaubs.

Nicht so beschaulich ging es in Risør im 16. Jahrhundert zu, als von dort das Holz, das von Skien kam, weiter in die Niederlande verschifft wurde. Dazu waren eine Flotte von Segelfrachtschiffen nötig sowie die entsprechenden Werften. In seiner Glanzzeit hatte Risør 100 Frachtschiffe und 1000 Mann Besatzung. Das war, als in Nordamerika die Freiheitskriege tobten und in Europa Napoleon seine Kriege führte. Da brauchte man jede Menge Schiffsraum für die in Kriegen nötigen Rohstoffe wie Eisenerz und Holz. Die Preise waren gut, die Frachtaufträge lukrativ. Eine einzige Schiffsfracht genügte, um die Ausgaben für den Bau eines Schiffes zu decken. Und in einem Jahr konnte man mit einem Frachtschiff das Vierfache seines Wertes verdienen. Risør

gehörte zu den Orten, in denen die Schifffahrt und der Schiffsbau besonders florierten, und das Geld floss reichlich. Zu dieser Zeit entstanden die Patrizierhäuser am Strand.

Heute ist es der Tourismus, der die größte Rolle spielt, unter anderem mit der Vermietung von Ferienhäuschen, wodurch in den Sommermonaten die Einwohnerzahl sprunghaft ansteigt.

Nicht unerwähnt bleiben soll Arendal, die älteste Stadt im Südland. Sie wurde ursprünglich auf sieben Inseln erbaut und erhielt deshalb den Beinamen »Venedig des Nordens«. Allerdings hat man die Kanäle inzwischen zugeschüttet, seinen Südküstencharme hat das Städtchen trotzdem behalten. Täglich verkehrt die Fähre von Hirtshals in Jütland/Dänemark nach Arendal, das somit für den Urlauber eine Art Tor nach Norwegen darstellt.

Der zweite Fährhafen an der Südküste befindet sich etwas weiter östlich in Larvik, auch hier legen die Fährschiffe aus Dänemark an und spucken die Wohnmobile aus, die sich rasch in der Weite des Landes verlieren.

Unweit von Larvik und schon im Landesinnern liegt Skien, die »Stadt der Holzsägen und brausenden Wasserfälle«, wie der Dichter Henrik Ibsen seine Geburtsstadt charakterisiert hat, wo er 1828 zur Welt kam. Begonnen hat die Geschichte dieses Ortes mit dem Kloster Gimsøy im zwölften Jahrhundert, und schon 200 Jahre später war Skien ein Handelsplatz. Im 16. Jahrhundert begann der Handel mit dem Holz aus dem Gebirge, vor allem ein Exportgeschäft.

Im 19. Jahrhundert hat man sich nicht mehr darauf beschränkt, nur die unbehandelten Baumstämme zu exportieren. Die zur Holzverarbeitung erfor-

Die flachen Schären an den Wasserläufen sind hervorragend geeignet für die beliebten Familienausflüge mit Picknick und Baden.

Zwischen Wahnsinn und Meisterschaft

Edvard Munch in Kragerø

Edvard Munch hatte an verschiedenen Orten seine Ateliers, unter anderem in Åsgårdstrand am Oslofjord.

Draußen in der Welt hatte der Maler des Bildes »Der Schrei« Erfolg, seine expressionistische Malweise wurde gefeiert in Berlin, Antwerpen und Paris. Nicht so im provinziellen Norwegen um die Jahrhundertwende, nicht so in seiner Heimatstadt Kristiania.

Immer wieder floh er aus Kristiania, das er wegen der dort herrschenden konservativen Kunstauffassung wie eine »Festung des Feindes« empfand. Ein Refugium, um ungestört malen zu können, hatte er in Åsgårdstrand am Oslofjord, eines in Warnemünde. Nach einem Nervenzusammenbruch 1909 war er erneut auf der Suche nach einem Ort weit weg vom Klatsch der Hauptstadt. Munchs Biograf Ketil Bjørnstad hat sich in den Künstler hineinversetzt und sich diese Wohnungssuche vorgestellt.

»Ein großes, schönes Anwesen mit Garten schwebt ihm vor. Oder eine Insel. Vielleicht auch ein Haus mit offenem Meer und Wald. Jedenfalls mit viel Ruhe und frischer Luft und etwas Gartenarbeit.«

Im Mai 1909 holt ihn ein Freund aus der Klinik in Kopenhagen. Der Freund soll ihm helfen, eine Bleibe zu finden, und bei der Überfahrt von Dänemark nach Kristiansand überlegen sie, welche der Städte an der Südküste geeignet sein könnte. Kristiansand scheidet für Munch aus, es ist ihm zu groß, zu gefährlich, zu viele

Tabakläden. Wie steht es mit den idyllischen, weißen Städten Lillesand, Grimstad, Arendal?

Sie suchen weiter, stehen nebeneinander an Deck und sehen, wie Kragerø terrassenartig aus dem Meer steigt. Die Tulpen und Lilien blühen, und es riecht nach Maiglöckchen, als Munch an Land steigt.

Am Abend entdecken die Freunde bei einem Spaziergang oberhalb des Hafens das Anwesen Skrubben, zwei große Gebäude und viel Platz. Das Meer liegt vor ihnen. Munch erblickt unter sich den blau glänzenden Fjord in der späten Abendsonne. Im weit geöffneten Rachen des Fjordes liegen die großen Granitinseln und leuchten rot und vertraut, wie eine eben entzündete Schiffslaterne in der ersten Dämmerung, umgeben von Stille.

Es ist ein Stück unberührte Natur. Weiße Quarzblöcke und graue Felsen mit kleinen, grünen Äckern dazwischen. Einsame Kiefern recken sich in den Himmel. Munch mietet Skrubben, malt hier das Bild »Frühjahrsarbeit im Schärengarten«. Das ist ein neutrales Motiv. Mensch und Natur sind gleichwertig, füllen einander in Linien und Farben aus. Der Mann und die Frau, ihr kleines Stückchen Erde bestellend, gehen beinahe auf in der Natur. Man entdeckt sie gar nicht sofort. Sie sind ein Teil des Ganzen, der Steine, des Grases und der Erde.

Für den Wettbewerb um die künstlerische Ausgestaltung der Aula der Universität Oslo, an dem Munch teilnehmen will, müssen Monumentalgemälde angefertigt werden. Munch lässt sich im Freien Riesenleinwände aufstellen und malt die Sonne, malt das Schauspiel der Natur, das er vom Fenster aus beobachtet hat. Wie sich das Licht über dem Fjord verändert. Wie die Sonne aus dem Meer aufsteigt. Zuerst ist da nur die glatte Fläche des Meeres, die alles verbirgt. Sogar die Sonnenglut. Bis sie plötzlich am Horizont sichtbar wird. Das Licht, das sich aus der Dunkelheit, aus der Tiefe nach oben kämpft und sich auf der Wasserfläche ausbreitet. Intensiv rot und grell gelb befreit sich das Gestirn, steigt aus dem Meer, souverän und lodernd. Die Sonne als Symbol für Licht und Leben, das Gemälde erhält den Ehrenplatz an der Stirnseite der Aula, schließt die Bühne nach hinten ab.

Auch die Seitengemälde »Geschichte«, auf dem der weise Alte den Knaben unterweist, und »Alma Mater« mit dem Kind an ihrer Brust sind in Kragerø entstanden.

Oben: Munchs berühmte »Drei Mädchen« auf der Brücke von Åsgårdstrand, rechts daneben die Brücke heute.
Unten: »Der Schrei« von 1895 hängt nach einem Diebstahl wieder in der Nationalgalerie in Oslo. Die Fotografie (rechts) zeigt Edvard Munch in seinem Atelier in Ekely an seinem 75. Geburtstag.

Oben: Lindesnes, der südlichste Punkt Norwegens. Von hier sind es 2518 km zum Nordkap, etwa so weit wie nach Rom. Unten: Häuserfassaden von Lindesnes.

Südnorwegen ist das Ferienparadies in dem viele Norweger ihren Urlaub verbringen.

derliche Energie in Form von Wasserkraft war genügend vorhanden, und so wurde der Rohstoff Holz unter anderem zu Papier verarbeitet. Um ausreichend Holz pünktlich vor Ort an der Küste in den Sägewerken zu haben, genügte die einfache und zeitraubende Flößerei der Stämme auf den Flüssen und Seen nicht mehr. Deshalb wurde die natürliche Wasserstraße vom Gebirge zum Meer durch das Anlegen eines raffinierten Kanalsystems »modernisiert«. Nun kamen die wertvollen Buchen und Eichen rechtzeitig und in ausreichender Menge zur Verarbeitung. Dieser Telemarkkanal wurde 1892 fertiggestellt und reicht von dem kleinen Ort Dalen am Fuße der Hardangervidda bis nach Skien, das sind 105 Kilometer bei einem Gefälle von 72 Metern.

Für den Holztransport spielt der Wasserweg heute keine Rolle mehr, und der Telemarkkanal hat heute eine rein touristische Bedeutung. Mithilfe seiner 18 Schleusen ist ein Schiffsverkehr hinauf ins Gebirge möglich, und so starten in den Sommermonaten regelmäßig die beiden Kanalschiffe, die »Victoria«, Baujahr 1882, und die »Henrik Ibsen«, Baujahr 1907. Elf Stunden dauert die beschauliche Tour, und wenn das Schiff über die großen, weiten Naturseen gleitet, besteht kaum ein Unterschied zu einer Fahrt über die richtigen norwegischen Fjorde; Wind, Gischt, Wälder, steil aufragende Berge, kleine Inseln, glatt geschliffene Felsen mit Hütte und Bootssteg und manchmal ein kleiner Bauernhof mit grüner Weide.

An dieser Stelle soll der Dichter der Telemark, Tarjei Vesaas, zu Wort kommen. Er lebte auf dem Telemarkhof Midbø und schrieb gemeinsam mit seiner

Frau Halldis Romane und Gedichte, die die existenzielle Bedeutung der nordischen Natur für den Menschen behandeln. Zu einer Kanalfahrt passt folgende von Vesaas beschriebene Stimmung:

Oben: Die Norweger gelten als ein sehr kinderfreundliches Volk.
Unten: Das weiße Rathaus von Arendal ist ganz aus Holz erbaut und das größte hölzerne Rathaus Norwegens.

Ein Fluss, der wie stehendes Wasser aussieht

»Der Wind und die große, alte Steinbrücke über den Fluss, wo die Landstraße verläuft. Die Brücke mit dem dunklen Mauerwerk, mit Steinen, verwittert in den Jahren von Sonne, Regen und Wind, beherrscht die Landschaft. Trotz der Felswand sieht man die Brücke von weit her – kühn gebaut in weitem Bogen.

Ein Fluss, der zu tief und mächtig ist, dass sich nichts auf der Oberfläche bewegt. Kein Strudeln der Strömung an den Steinen. Schwere Wassermassen strömen hier Tag und Nacht dahin, und niemand achtet darauf, wenn er nicht daran erinnert wird. Es ist eine gleitende Tiefe, die unablässig vorüberzieht.«

Dass man sich auf dem Kanaldampfer so fühlen kann, hat auch damit zu tun, dass nur die erste der Schleusen mit moderner Hydraulik ausgestattet ist. Alle anderen Schleusentore werden wie vor 150 Jahren mit der Hand bedient. Bei Vrangfoss sind es sechs Schleusen hintereinander, durch die das Schiff wie auf einer Treppe nach oben steigt. Mit langen Eisenstangen sind zwei Mann pausenlos damit beschäftigt, die schweren, hölzernen Schleusentore aufzuhebeln beziehungsweise zu schließen. Das dauert seine Zeit, und bei gefluteter Schleusenkammer kann man mit einem Schritt an Land steigen und neben dem Schiff herspazieren.

Die überragende Ingenieurskunst des 19. Jahrhunderts hat es ermöglicht, dass mit Hilfe eines raffinierten Schleusensystems Schiffe vom Meer ins Gebirge »steigen« oder »absteigen« können (rechte Seite oben).

Nach zehn Stunden kommen die schneebedeckten Berge in Sicht, und bald darauf ist der Talschluss erreicht, Endstation der Reise. Man kann diese Route übrigens auch mit dem eigenen Schiff zurücklegen, zum Beispiel mit Kanu, Kajak oder Motoryacht.

In Dalen erwartet den Reisenden das an ein Märchenschloss erinnernde »Dalen Hotel«, erbaut 1894 im charakteristischen Drachenstil und ganz aus Holz. Im Krieg ist das Gebäude ziemlich verkommen, und es bestanden bereits Pläne, es für Feuerwehrübungen freizugeben. Doch schließlich fand sich ein Investor, und zusammen mit der Gemeinde erfolgte 1980 bis 1994 eine gründliche Renovierung. Dafür wurde das »Dalen Hotel« im Jahre 2000 mit dem Europa-Nostra-Preis für Restaurierung und Erhaltung ausgezeichnet.

Faszinierender noch als das Gebäude selbst ist seine Lage am Ende des Tales und die damit verbundene Stille. Erholung pur sozusagen. Ich beobachte eine Gruppe von Kanufahrern, die sich gemächlich auf ihre Fahrt vom Gebirge hinunter zum Meer vorbereitet. Kocher, Zelt, Schwimmwesten werden verstaut, die Fahrtroute auf der Karte studiert. Träge plätschert ein Wasserfall. Erst als der Bus hält, werde ich aus meiner Versunkenheit gerissen.

Mit dem Bus setze ich meine Reise fort, Eidsborg mit einer einfachen Stabkirche wird oberhalb der Straße sichtbar, dann Høydalsmo und schließlich Morgedal, mein Tagesziel.

Morgedal gilt als die Wiege des modernen Skisports. Skier waren als Fortbewegungsmittel seit Urzeiten üblich, schon die Samen benutzten sie, um ihre Herden zusammenzuhalten, und auch bei den Wikingern gehörten sie ganz normal

Unten: Einst wurden hier Baumstämme von der Hardangervidda ans Meer geflößt (rechts), heute verkehren auf dieser Strecke die Kanalboote »Viktoria« (Baujahr 1882) und die »Henrik Ibsen« Baujahr 1907.

zur Ausrüstung im Winter. Diese Langlaufskier wurden später weiterentwickelt zu den sogenannten Slalomskiern. Das Wort »Slalom« setzt sich zusammen aus »sla« (Abhang) und »låm« (Spur), und erfunden beziehungsweise entwickelt hat diese Skier Sondre Norheim (1825–1897) aus Morgedal. Die von ihm neu konstruierte Bindung ermöglichte es, mit den Brettern zu schwingen, also Slalom zu fahren, aber auch zu springen. Seine Technik des Telemarkschwunges erlebt

Die achtkantige Kirche in Flekkefjord wurde 1833 eingeweiht. Das Interieur mit Wänden und Emporen aus Holz wirkt heimelig. Diese Kirche wird gerne für Hochzeiten genutzt.

Vesaas (1897–1970) verbrachte den größten Teil seines Lebens in der Telemark, in dem Hof Midtbø in Vinje. Dort entstanden viele seiner Romane, die er auf Nynorsk schrieb, dieser dem Altnordischen näheren und dem Dänischen ferneren Sprachform.

Häuserreihe in Flekkefjord.

heute eine Renaissance bei all den Skifahrern, die der Hektik der Piste entfliehen wollen. Und ab und zu kommt die große Welt ins stille Morgedal, wenn nämlich Winterolympiaden anstehen. So hat man Norheim zu Ehren bei der Winterolympiade 1952 in Oslo, 1960 in Squaw Valley und 1994 in Lillehammer jedes Mal die olympische Flamme in der Wohnstube seines Hauses entzündet.

Im Skimuseum von Morgedal wird dieser erste Abschnitt der Historie des modernen Skilaufs dokumentiert. Neben der Skigeschichte sind in dem flachen Blockhaus noch Skier, Schlitten und andere Ausrüstungsgegenstände einer Südpolexpedition, die Roald Amundsen leitete, ausgestellt. Und hinter dem Museum führt natürlich ein Skilift in die Höhe.

Wie es in der Telemark im Winter aussieht, beschreibt anschaulich Tarjei Vesaas:

»Es schneit und schneit auf die Hänge – in eine Einsamkeit ohne Grenzen. Nicht ein Baum. Nur ein Haus, ein einziges, steht da und wird kleiner von Stunde zu Stunde, schneit ein.

Um das Haus wachsen die Schneewehen. Still und leicht legen sich die Flocken auf das Dach. Sie haben gar kein Gewicht – aber schließlich werden die Dachsparren unter der drückenden Last bersten.«

Schriftsteller und Bauer

Der Literaturnobelpreisträger Knut Hamsun

In dem Haus in Hamsund (Nordnorwegen), in dem Knut Hamsun seine Jugendjahre verlebte, sind Wohnzimmer, Küche und Dachboden im Originalzustand zu sehen.

In dem kleinen Dorf Hamsund auf der Insel Hamarøy verbrachte Knut Hamsun (1859–1952) seine Kindheits- und Jugendjahre. Nach diesem Ort hat er sich, der eigentlich Pedersen hieß, Hamsun genannt.

Als Zwanzigjähriger verließ er die Insel, ausgestattet mit etwas Geld von seinem Gönner, dem Großkaufmann Zahl auf Kjerringøy und mit dem Ziel vor Augen, ein großer Schriftsteller zu werden. Es begann eine wahre Odyssee. Ein Aufenthalt in Kopenhagen und zwei in Amerika. Dazwischen harte Jahre im Straßenbau oder als Gleisarbeiter.

Erst 1888 gelang ihm der Durchbruch als Schriftsteller mit seinem Roman »Hunger«. Nicht nur in Norwegen war das Buch ein Erfolg, sondern auch in Deutschland. Das Skandinavische war zu dieser Zeit sehr in Mode. In Berlin herrschte ein regelrechter Skandinavienkult mit August Strindberg, Henrik Ibsen und dem expressionistischen Maler Edvard Munch. Alle diese Künstler, die in ihrer Heimat keine Anerkennung fanden, wurden hier gefeiert.

Nach Berlin lebte und schrieb Hamsun noch einige Zeit in Paris. Als er wieder in Norwegen war, beschloss er, sein ungebundenes, umherirrendes Junggesellenleben zu beenden. Nach einigen Fehlversuchen fand er die richtige Frau. Sie hieß Marie, war Schauspielerin und 32 Jahre jünger als er. Zusammen mit ihr wollte er nach Nordnorwegen, wollte am Ort seiner Kindheit, in Hamsund, zurückfinden zu einem ursprünglichen Leben. Ein Bauernleben schwebte ihm vor, und wie Isak, der Held in »Segen der Erde«, gedachte er, der Zivilisation den Rücken zu kehren, Land zu roden und eine Existenz aufzubauen.

Doch schon bald lernte er die Realität dieses Landlebens kennen, den Klatsch und Tratsch seiner Nachbarn, die Abgeschiedenheit von den Zentren des literarischen

Lebens. Er war einfach geographisch zu weit weg von seinen Verlegern. Jede Korrektur an seinen Manuskripten musste mühsam telegraphisch geklärt werden, und das würde im Südland doch einfacher sein. Er hatte recht genaue Vostellungen darüber, wie sein künftiges Heim aussehen sollte:

»Zunächst sollte es am Meer liegen, mit fließendem Wasser und Elektrizität, mit einem großen Haus und wenig Ackerland, aber viel Wald und Weideland, nahe einer Schule, aber nicht unbedingt nahe einer Stadt. Ein alter, heruntergekommener Herrensitz würde passen, ich würde ihn schon wieder auf die Beine bekommen und den Acker bestellen.«

Es war nicht einfach, dieses Traumhaus zu finden, und Hamsun, seine Frau Marie und drei Kinder landeten übergangsweise in Larvik und bezogen das Haus eines Zahnarztes. Dort kam das vierte Kind, Cecilia, zur Welt, und obwohl Marie froh war, ein Dach über dem Kopf zu haben, fand sie das Haus »teuer und banal«. Aber an allen angebotenen Objekten hatte Hamsun etwas auszusetzen, Nachbarn zu nahe, Meer zu weit weg, zu teuer. Bis er endlich im August 1918 ein alleinstehendes weißes Gutshaus ausfindig machte, erbaut von einem dänischen Aristokraten, etwas verwahrlost und mit guter Verkehrsanbindung nach Grimstad an der Küstenstraße. Nach langen, zähen Verhandlungen und zu einem überhöhten Preis konnte er das Haus schließlich erwerben.

In dem Gutshof Nörholm erfolgte endgültig Hamsuns Aufstieg in die Weltliteratur. Der Roman »Segen der Erde«, am 1. Dezember 1917 erschienen, erwies sich als großer Verkaufserfolg, die erste Auflage von 18 000 Exemplaren war bereits an Weihnachten verkauft. Und für dieses Werk erhielt Hamsun 1920 den Literaturnobelpreis, eine Auszeichnung, auf die er stolz war, weil er als erster Norweger nach seinem Vorbild Bjørnstjerne Björnson diesen Preis erhalten hatte. Dazu kam, dass das Preisgeld ein willkommener Beitrag war für die Haushaltskasse der sechsköpfigen Familie mit einem heruntergekommenen Gutshaus.

Wie wichtig ihm das Familienleben war, äußert er einmal einer dänischen Schriftstellerin gegenüber:

»Sie und ich, wir sollten nicht vom Schreiben und von Leere leben, wir sollten als Menschen etwas bedeuten, heiraten und Kinder haben, ein Heim gründen und mit der Erde verbunden leben. Denken Sie darüber nach. Ich bin alt und weiß das, ich habe vielleicht 30 Bücher geschrieben, ich erinnere mich nicht, aber ich habe auch fünf Kinder, das ist mein großer Segen. Was sollen die Leute mit den Büchern? Ohne meine Kinder hätte ich nicht einmal das Recht auf ein Grab.«

Neben dem Schreiben versuchte Knut Hamsun immer eine Landwirtschaft zu betreiben. Er wollte aus eigener Kraft die Früchte der Erde ernten können.

Folgende Doppelseite: Den Sommer verbringen viele Norweger in eigenen Sommerhäusern entweder am Fjord mit Steg und Boot oder im Gebirge.

ERKUNDUNG DES SÜDLICHEN NORDLANDS

Von Stavanger nach Bergen

Die steinernen Säulen und Gedenksteine wurden für Bauern aufgestellt, die bei der Suche nach Nahrung für ihre Tiere auf der Hardangervidda den Tod fanden.

Himmel und Erde –
Was ist das eine und was das andere?
Das eine nimmt das andere ganz in sich auf
in einem solchem Augenblick.
TARJEI VESAAS

Es gibt Wörter in der norwegischen Sprache, die sind unübersetzbar, weil das, was sie bezeichnen, zutiefst verbunden ist mit dem Land. Neben Loipe, Slalom und Ski gehört dazu das Wort »Fjord«.

Die Faszination dieser Naturerscheinung in ihrer rauen Schönheit trägt vor allem dazu bei, dass Menschen in den Norden reisen. Die gesamte Westküste Norwegens, von Stavanger bis zum Nordkap, besteht praktisch nur aus Fjorden. Entstanden sind diese Gebilde in der Eiszeit. Damals wurde das Land nicht nur einfach von dicken Eisschichten bedeckt, sondern das Eis war in ständiger Bewegung und hatte tiefe Rinnen und Täler gegraben und ausgefüllt. Als das Klima wärmer wurde, begann die Eisüberdeckung zu schmelzen, und damit stieg der Meeresspiegel. Die Gletscher, die die Täler ausfüllten, wichen zurück, und Meerwasser drang ein. Das Naturgebilde Fjord war entstanden.

Fjorde können sich nur da bilden, wo Gebirge und Meer zusammentreffen. Deshalb sind sie etwa so tief wie die umliegenden Berge hoch. Der Sognefjord hat stellenweise eine Tiefe von 1300 Metern, was der Durchschnittshöhe der an seinem Rand aufragenden Berge (Fjell) entspricht. Aus dieser Verbindung von Fjell und Fjord entstehen auch die imposanten Wasserfälle, die sich, gespeist von den ständig schmelzenden Gletschern und den Niederschlägen, in die Fjorde stürzen. Allerdings nicht nur für die Touristen, die Norweger haben schon bald die Chancen der weißen Energie für sich genutzt und die Wassermassen zum Teil in Rohren gebändigt, um damit Strom zu erzeugen. Entsprechend großzügig gehen sie mit dieser einfach gewonnenen Energie um, die Lichter in den Häusern brennen oft Tag und Nacht, und auch der PC wird nicht ausgeschaltet.

Extreme Wohnlage am Hardangerfjord. Im Hintergrund die Berge der Vidda.

Der größte Fjord zwischen Stavanger und Bergen ist der berühmte Hardangerfjord, der sich mit seinen Fjordarmen 180 Kilometer ins Land erstreckt. An

Auf der Insel Halsnøy am Hardangerfjord liegt diese irische Klosterruine. Die irisch-schottische Mission führte zum Bau der Stabkirchen.

einem Ende liegt Eidfjord, eine kleine Ortschaft, auf 900 Metern Höhe, mit Schafweiden und zwei Wasserfällen. Nördlich davon glänzt bereits das Eis des Hardangerjøkul. Als eine Art Wiege des Norwegentourismus gilt die Ortschaft Odda am Sørfjorden, einem weiteren Fjordarm des Hardangers. Am Anfang des 20. Jahrhunderts begannen die Nordlandtouren, und im Rekordjahr 1905 hat man in Odda 14 000 Reisende gezählt. Einer der vornehmsten dürfte Wilhelm II. gewesen sein, der deutsche Kaiser, der in den Jahren vor dem Ersten Weltkrieg regelmäßig mit seiner Yacht während seiner Norwegenurlaube Odda besucht hat.

Die besondere Anziehungskraft dieser Gegend lässt sich sicher auf ihre Kontraste zurückführen. Die Gebirgslandschaft des Folgefonn-Gletschers mit schneebedeckten Höhen kontrastiert mit der weitflächigen Hochebene der Hardangervidda, und unten im Tal blühen zartrosa die Kirschbäume. Diese Obstgärten, die heute von kleinbäuerlichen Betrieben bewirtschaftet werden, haben im zwölften Jahrhundert die Zisterzienser angelegt. Aus dem Ausland brachten die Mönche Obstbäume, Wurzeln, Kräuter und Blumen mit und pflanzten auf norwegischem Boden. Das größte Kloster ist das Lysekloster, gegründet 1146 von englischen Mönchen aus der Fountains Abbey in Yorkshire.

Dass es geklappt hat, in dieser nördlichen Breite zwischen Meer und Gletschern neben Kirschen auch Äpfel, Birnen und Beerenobst wachsen zu lassen, hat mit den klimatischen Bedingungen zu tun, die wesentlich beeinflusst werden durch die Warmwasserheizung des Golfstroms, und dazu kommt die

Sonne, die im Land der Mitternachtssonne in dem kurzen Sommer einfach länger scheint.

Einen Verkehrsknotenpunkt am Hardangerfjord bildet das Städtchen Kinsarvik. Wer von Oslo mit dem Auto nach Bergen will, kann hier mit der Fähre den Fjord überqueren. Wichtig muss der Ort schon im Mittelalter gewesen sein, darauf weist die 1160 errichtete romanische Steinkirche hin. Im 16. Jahrhundert diente der Ort schottischen Kaufleuten als Ausfuhrhafen für Holz. Die heutige Bedeutung liegt in der Obstvermarktung.

Nimmt man die gesamte Küstenlinie mit allen Fjorden von Stavanger bis Bergen, ergibt sich eine Strecke von 12 586 Kilometern. Zu dieser Küstenlinie gehören die beiden Provinzen Rogaland mit Stavanger als Verwaltungszentrum und Hordaland mit Bergen als Verwaltungszentrum. Etwa 800 000 Menschen wohnen in den Provinzen.

Stavanger, mit knapp 115 200 Einwohnern viertgrößte Stadt Norwegens, inzwischen international als Ölmetropole bekannt, blickt auf eine wechselvolle Geschichte zurück. Man schrieb den 18. Juli 872, als der Wikingerhäuptling Harald Schönhaar im Hafrsfjord in einer denkwürdigen Schlacht die mit ihm um die Herrschaft ringenden Stammesfürsten endgültig besiegte. Von nun an war er Alleinherrscher, das Reich war geeint.

Seinen Königshof hatte Harald in Utstein auf der nördlich vor Stavanger liegenden Insel Mosterøy im Boknafjord. Dieses Utstein sollten sich etwa 200 Jahre später zwölf Mönche, die aus Frankreich, England und Dänemark angereist waren, auswählen, um an dieser Stelle ein Augustinerkloster zu gründen.

Viele Norweger besitzen ihre Sommerhäuser am Fjord, wo sie regelmäßig ihren Urlaub verbringen.

Blick auf Stavanger von oben. Kühn überquert die Brücke den Fjord der Hauptstadt des Öls.

Im 16. Jahrhundert entbrannte dann ein unheiliger Streit zwischen dem Abt des Klosters und dem Bischof von Stavanger, und diese blutige Auseinandersetzung bedeutete das Ende des Klosters.

Inzwischen hat man dieses Mittelalterkloster komplett restauriert. Das Refektorium, die Klosterküche und den Klostergarten mit einem 250 Jahren alten Buchenbestand kann man bei einem Krug Klosterbier zu einer mittelalterlichen Mahlzeit erleben.

Etwa zeitgleich mit der Klostergründung begann der Wiederaufbau der dreischiffigen Basilika im hochgotischen Stil, und Stavanger wurde Bischofssitz. Diese geistliche Herrschaft endete 1682, da erhielt Kristiansand diese Vorzugsstellung.

Neue Geltung erlangte Stavanger erst wieder im 20. Jahrhundert mit der Konservenindustrie. Stolze 72 Fabriken waren Ende der 20er-Jahre damit beschäftigt, den Brisling, die norwegische Sardine, in Öl eingelegt in Büchsen zu schweißen. Die letzte Fabrik schloss 1983 ihre Tore, und heute erinnert ein Konservenfabrikmuseum an diese Zeit. Eine lukrativere Geldquelle hatte sich bereits in den 60er-Jahren des 20. Jahrhunderts aufgetan, die Öl- und Gasfunde im Nordseeschelf.

Die Wahl von Stavanger als Standort für die Ölwirtschaft hängt mit der Nähe zum Explorationsgebiet zusammen, dem Ekofisk-Feld. Dazu kommen die günstigen Hafen- und Werftanlagen, wo man die Tanks und die Plattformen herstellen kann, sowie das moderne Stadtzentrum mit allen notwendigen Dienstleistungsfunktionen. Die günstige Verkehrsanbindung spielt ebenso eine

Rolle, neben dem internationalen Flughafen Sola gibt es noch eine Fährverbindung nach Newcastle und die Eisenbahnlinie nach Oslo mit der Sørlandbahn.

Wer sozusagen live miterleben möchte, wie es auf so einer Ölplattform zugeht, kann das im 1999 eröffneten Norsk Oljemuseum auf Kjerringholmen.

Dieser Ölboom hat sich abgesehen von den gestiegenen Preisen nicht negativ auf die Stadt ausgewirkt. Es ist Stavanger gelungen, seinen einstigen kleinstädtischen Charme zu bewahren. Das Zentrum liegt am Hang oberhalb des Hafens und strahlt mit den typischen Holzhäusern und den kopfsteingepflasterten Gässchen norwegische Gemütlichkeit aus, und am Hafen findet wie eh und je der Fischmarkt statt. In dieser Umgebung hat sich eine allseits beliebte Kunstszene entwickelt. Eine Kunstform ist inzwischen die Lebenskunst, die sich in den zahlreichen Straßencafés zeigt. Und wegen seiner Genussfreudigkeit (mit einer Hotelfachschule) hat sich Stavanger den Ruf einer Gourmetstadt erworben. Das alles dürfte dazu beigetragen haben, dass die Europäische Union Stavanger zur europäischen Kulturhauptstadt 2008 gekürt hat.

Eindeutig die »Hauptstadt« im Fjordland ist Bergen, lange Zeit die größte und wichtigste Stadt von ganz Norwegen. Angeblich kommen dort die Kinder bereits mit Gummistiefeln auf die Welt, ein Hinweis auf das dort herrschende feuchte Klima. Der Dichter Ludvig Holberg, 1684 dort zur Welt gekommen, hat dafür eine logische Erklärung gefunden. Er meinte, das viele Regenwasser käme daher, dass seine Heimatstadt von sieben Bergen eingeschlossen sei, die die Wolken einsperrten. Folglich könnten sie sich nicht auflösen, und der

Rechts oben eine der typischen Fischfarmen, die an der ganzen norwegischen Küste zu finden sind.

NORSK OLJEMUSEUM

GULLFAKS A
BLOKK 34/10
STATOIL
GULLFAKS A
BLOKK 34/10
STATOIL

Das neue, moderne Ölmuseum von Stavanger mit interessanten Exponaten, die es dem Besucher ermöglichen, sich das extreme Leben und Arbeiten auf einer Ölplattform vorzustellen. Das Bild rechts unten zeigt eine Ölplattform, die man zur Reparatur in den Fjord geschleppt hat..

Die alten Stadtkerne der südlichen Städte bis Stavanger, mit ihren typischen Lagerhäusern und den Holzhäusern direkt am Wasser. Hier steht nicht das Auto in der Garage, sondern das Motorboot am Steg.

Regen dauere deshalb halbe, ja ganze Monate an. Richtig ist, dass Bergen tatsächlich sieben Berge umgeben, der höchste, Ulriken, ist 643 Meter hoch, die anderen erheben sich etwa 400 Meter über dem Meer. Jedes letzte Wochenende im Mai wird eine Sieben-Berge-Wanderung veranstaltet, das bedeutet 30 Kilometer Marsch, und durch das ständige Hinauf und Hinunter sind 2200 Höhenmeter zu bewältigen.

Nicht richtig ist die von Holberg angegebene Dauer, zum einen handelt es sich nur um einen feinen Nieselregen, zum anderen wird er immer wieder von Sonnenschein unterbrochen. Seine Theorie hat er allerdings aufgestellt, als er längst in Kopenhagen lebte und dort seine Komödien schrieb.

Zentrum und Herz der Stadt ist der Fischmarkt am Hafen. Überall riecht es nach Fisch und Meer, es wimmelt von Leuten, die sich um die Stände drängen. In Holzkisten sind handtellergroße Krebse aufeinandergestapelt, die meisten bewegen noch ihre dünnen Beinchen und, wenn sie rausgeholt werden, ihre kräftigen Zangen. Daneben liegen verführerisch in zartem Rot große Stücke des teuren, fein geräucherten Lachsfleisches, aber auch die gewöhnlichen Fischsorten Scholle, Kabeljau und Hering finden sich. Als Imbiss auf der Kaimauer empfiehlt sich eine Tüte Garnelen. Umgeben vom Getriebe im Hafen, dem Schreien der Händler, dem Gluckern der Boote und dem gleichmäßigen Lüftchen vom Meer hat man beim Garnelenpulen die nötige Muße, sich zu orientieren.

Die westliche (in Blickrichtung zum Meer hinaus linke) Seite des Hafens ist geprägt von Gebäuden moderner Architektur, während die Fassaden der spitz-

Ganz oben und links: Stavangers Altstadt hat eine gemütliche Atmosphäre, mit Antiquariaten und vielen kleinen Geschäften.
Oben: In Haugesund steht dieses Denkmal zweier Walfänger auf dem Weg zur Arbeit.
Links unten: Das schöne Schild schmückt den Eingang des Seemannsvereins in Skudeneshavn.

Folgende Doppelseite: Von der Hardangervidda bis hinunter zum Fjord verkehrt auf abenteuerlicher Schienenstrecke die »Flamsbana«. Um von 865 m Höhe auf Meereshöhe zu kommen sind 20 Tunnel nötig.

NSB

FLÅMSBANA

Segen der Erde

Das Stabbur und der braune Käse

Prächtige Vorratshäuser eines reichen Bauerngehöfts im typischen Ochsenblutrot, das mit den weißen Säulen und Türen kontrastiert. Die Ornamente der Türumrahmungen erinnern an die Schnitzereien an den Stabkirchen.

Neben den Stabkirchen ist das für Norwegen typische, traditionelle Bauwerk das sogenannte *stabbur*, das Vorratshaus. Wie die Stabkirchen sind diese Blockhäuser aus massiven Balken gezimmert. Etwas abseits von den übrigen Gebäuden des Hofes stehen sie erhöht auf vier steinernen Pfosten. Damit sind sie sowohl gegen einen eventuellen Scheunen- oder Wohnhausbrand wie auch gegen Mäuse und andere Schädlinge geschützt.

Im Unterschied zu den Holzkirchen, in denen das Überirdische verehrt wird, ist der Zweck des *stabbur* rein irdischer Natur. Die langen, kalten Winter im hohen Norden mussten überlebt werden, und dazu war eine vorausschauende Vorratshaltung nötig. Deshalb hatte in früheren Zeiten, als es noch keine Tiefkühltruhen gab, jedes Bauernhaus sein *stabbur*, größere Gehöfte verfügten sogar über mehrere dieser Speicher. Sie bestanden gewöhnlich aus zwei Stockwerken und waren mit einem Grasdach bedeckt. Dadurch herrschte im Innern eine gleichmäßige Temperatur, ideal für das Aufbewahren der Vorräte.

Der norwegische Koch Arne Brimi schreibt in seiner Darstellung über die norwegische Naturküche, dass er aus diesem Grund zu Hause selbst noch ein kleines *stabbur* besitzt.

Man lagerte früher das eingesalzene Pökelfleisch, aber auch die sorgfältig geräucherten Schinken, die an besonderen Festtagen – oder wenn Gäste kamen – jeder-

In den Vorratshäusern der Bauern lagerten Pökelfleisch und Salzheringe in Holzfässern. Auf den Regalen wurde das Flatbrød gestapelt.

zeit aufgetischt werden konnten. Petter Dass, Priester und Dichter aus dem 17. Jahrhundert, hat diesen Brauch in einem Gedicht gepriesen:

»Ich hab einen Schinken
Er mag euch bekommen.
Er hängt im Rauch
Nun im neunten Herbst –
Gereift ist er wohl zum Genusse.«

Geschlachtet wurde zu Beginn der kalten Jahreszeit, im Oktober/November. Nach altem Volksglauben musste das, sollte das Ergebnis gut werden, bei zunehmendem Mond und ansteigender Flut geschehen. Bevor der Schlachter auf den Hof kam, wurden alle erforderlichen Gegenstände in einer Wacholderlauge gewaschen und gesäubert. Kinder und Kranke durften sich beim Schlachten nicht in der Nähe aufhalten.
Von den geschlachteten Tieren wurde neben dem Fleisch und den Innereien vor allem auch das Blut verwertet. Es wurde durch ein Sieb gegeben und so lange gerührt, bis es eine hellere Farbe annahm. Daraus stellte man Blutpfannkuchen, Blutpudding und Blutwurst her. Im *stabbur* musste außerdem immer genügend Brot vorhanden sein, nämlich das dünne, getrockene *flatbröd*, das Fladenbrot. Es hat die gleiche Konsistenz und Haltbarkeit wie das schwedische Knäckebrot.
Gebacken wurde zweimal im Jahr, im Frühjahr und kurz vor oder nach dem Schlachten im Herbst. In einigen Gegenden gab es »Backfrauen«, die von Hof zu Hof gingen. Im Gepäck hatten sie ihr Backeisen, auf dem sie den von der Hausfrau vorbereiteten Teig aus Mehl und Wasser ausrollten. Das Brot wurde auf beiden Seiten kurz angebacken, zur Seite gelegt und dann nochmal gebacken. Das ging so lange, bis eine genügende Anzahl der runden Scheiben fertig war. In hohen Stapeln und oben vorsichtig beschwert, damit sie schön flach blieben, bekamen sie ihren Platz im *stabbur*. Heute findet man die meisten dieser Vorratshäuser im Norden des Gudbrandstals, in Sel, Vågå, Lom und Skjåk.
Vor dort stammt auch der berühmte braune Käse, der Gudbrandsdalost. Erfunden hatte ihn 1863 die Sennerin Anne Hov, weil sie unabhängig werden wollte von der Molkerei. In einem Eisenkessel kochte sie süße Molke und die dazu gehörige Sahne. Unter ständigem Umrühren und vorsichtigem Köcheln bekam der Käse seine charakteristische Konsistenz und den besonderen, karamellartigen Geschmack. Der Käse heißt auch *geitost*, Ziegenkäse, obwohl der Anteil an Ziegenmilch nur sehr gering ist. Gegessen wird er als Brotaufstrich und auf Waffeln, am liebsten mit Johannisbeergelee.

Folgende Doppelseite: Impressionen der Hansestadt Bergen, Fischmarkt mit Garnelen, Straßenmusikant mit Hardangerfele und die berühmten Häuserfassaden der Hansehäuser.

KOKT
SJOKREPS
Kr. 100,-
Pr. ½ Kg

viking
viking
Chef
HELLAND

ENGELEN NIGHTCLUB
JUHLS
SILVER GALLERY
BRYGGEN HUSFLID
SCHMIT

Oben und Mitte: Den beiden berühmten Söhnen der Stadt, Edvard Grieg, dem Komponisten, und dem Dichter Ludvig Holberg hat die Stadt Bergen jeweils ein Denkmal gesetzt. Unten: Prächtig unter Säulen ist die Touristeninformation untergebracht.

giebligen Reihe eng nebeneinanderstehender Holzhäuser gegenüber ins Mittelalter verweisen. Sie stammen aus der Zeit, als Bergen Königssitz war, also um das Jahr 1000. Sie stehen so dicht gedrängt, weil jedes Haus einen eigenen Zugang zum Wasser haben musste, eine »brygge«. Die bestand aus einem Holzsteg, der als Anlegestelle für die Schiffe der Kaufleute diente. Nördlich dieser Stege schließt sich, durch eine Mauer getrennt, »holmen« an, ein Bezirk, in dem der Königshof, die Bischofsresidenz und die Kirche lagen. Dort ließ König Håkon Håkonsson im 13. Jahrhundert die Håkonshalle bauen, ein weißer, weithin sichtbarer Steinbau als Zeichen königlicher Macht.

Diese Macht teilte er mit den reichen Kaufleuten, die von Bergen aus den gesamten Handel innerhalb Norwegens, aber auch ins Ausland steuerten. Von den Küsten hoch oben aus Nordnorwegen, von den Lofoten und vom Eismeer kamen die Fischer mit ihren Booten, schwer beladen mit Fisch, um das begehrte Getreide einzutauschen. Damit der Fisch nicht verdarb, hat man ihn an der Luft getrocknet, als Stockfisch oder Klippfisch war er lange haltbar und im Mittelalter als Fastenspeise in ganz Europa nachgefragt.

Um 1360 tauchten Lübecker Kaufleute vom deutschen Kaufmannsbund der Hanse auf und lockten mit guten Handelsverbindungen. Bergen hatte gerade eine Pestepidemie hinter sich und war interessiert an Kontakten zu den Ostseeländern. Die Deutschen bekamen ihre Brygge zugeteilt, »Tyske Brygge«, und es dauerte nicht lange und sie beherrschten den norwegischen Markt beim Handel mit Trockenfisch. Nur fünf einheimische Kaufleute konnten ihren Platz behaupten.

Berühmt ist Bergen unter anderem auch wegen der Handelskontore aus der Zeit der Hanse aus dem 14. Jahrhundert. Sie wurden in die Liste des Weltkulturerbes der UNESCO aufgenommen.

Die Lübecker brachten so begehrte Waren wie Roggen und Weizen mit, aber auch Hopfen und Malz zur Bierherstellung und sogar Wein. In den schmalen Häusern am Hafen richteten sich die Lübecker Bergenfahrer das Hanseatische Kontor ein und wickelten von hier aus ihre Geschäfte ab. Die niedrigen Decken, der Trangeruch, die Butzenscheiben, man kann sich zurückversetzen in diese Zeit, in das harte Leben der Kaufleute, die fern der Heimat mit den armen Lofotfischern um die Preise feilschten.

Im Schlafzimmer des Kaufmanns steht als wichtigstes Möbelstück neben dem schmalen Bett und einem Schreibtisch die Geldtruhe. Ihre Gesellen schliefen in engen, wie Schränke zu verschließenden Verschlägen. Da war kein Platz für Weib und Kind, es soll sogar ein Eheverbot für Bergenfahrer bestanden haben. Es sind allerdings Testamente gefunden worden, in denen deutsche Kaufleute ihr Vermögen norwegischen Frauen und deren unehelichen Kindern vermacht haben. Ansonsten wurde die Ehelosigkeit durch Trinkgelage und raue Späße kompensiert, wie die »Reifeprüfung« der Gesellen. Bei der Rauchprobe wurde der Kandidat in einem Räucherkamin hochgezogen, musste danach unsinnige Fragen beantworten und wurde schließlich mehrmals ins Wasser geworfen.

Den Winter verbrachten die Kaufleute vorwiegend in ihrem Gildehaus, der Skjøtstue, wo sie sich auch zu anderen Anlässen versammelten. Die Lehrlinge erhielten hier Unterricht in Rechnen und Religion, darin bestand der theoretische Teil der Ausbildung. Direkt neben diesem Klubhaus, das man besichtigen kann, liegt die Marienkirche, das älteste erhaltene Bauwerk der Stadt. Von

Eindrücke aus der lebendigen Stadt Bergen, in der trotz des berüchtigten Bergener Nieselregens auch die Sonne scheint. Im Hafen ankert regelmäßig das prächtige Segelschiff »Stadsrad Lehmkuhl« (rechts unten).

1408 bis 1766 war das Gotteshaus im Besitz der Hanse, wovon einige deutsche Inschriften Zeugnis ablegen.

Weil sich die Hanseaten nicht immer einig waren, löste sich ihr Bund auf, und der Handel lief wieder unter norwegischer Regie.

Was zur Geschichte aller norwegischen Städte gehört, sind die wegen der vielen Holzgebäude in Abständen auftretenden Brände. In Bergen war es besonders schlimm, seit dem ersten Großfeuer im zwölften Jahrhundert brannte die Stadt fast jedes Jahrhundert einmal. Ein Beispiel dafür, wie harmlos manchmal der Anlass sein konnte, der zur Katastrophe führte, zeigt der Brand von 1686, dem unter anderem das Elternhaus von Ludvig Holberg zum Opfer fiel. In seinen Erinnerungen beschreibt der Dichter, wie in der Nähe des Hauses seiner Eltern zur Nachtzeit das Feuer ausbrach und er und seine jüngeren Geschwister nur mit knapper Not gerettet werden konnten. Alles, einschließlich Gold, Silber und Bargeld, sei vernichtet worden. Verursacherin des Unglücks, so erzählt er weiter, sei ein Stubenmädchen gewesen, das beim Herrichten des Bettes ein Licht am Bettpfosten befestigt und danach die Kammer wegen einer anderen Arbeit verlassen habe, bei ihrer Rückkehr aber die Kammer in Flammen stehend vorgefunden habe. Glück hatte Holberg ein zweites Mal 1916, als 350 Häuser bis auf die Grundmauern abbrannten. Zwischen den rauchenden Trümmern stand er unbeschädigt auf seinem Sockel am Markt.

Ein bedeutsames Ereignis für die Stadt war die Eröffnung der Bergenbahn im Jahre 1909. Die bisherige Reisezeit nach Oslo auf dem Landweg hatte zwei-

einhalb Tage betragen, mit der Eisenbahn dauerte es zwölf Stunden – heute, nach der Elektrifizierung, sind es noch sieben Stunden. Der 16 Kilometer vom Zentrum entferne Flugplatz Flesland wurde 1955 eingeweiht.

Schließlich sei noch die Hurtigrute erwähnt, die im Sommer täglich um 20 Uhr ihre Reise nach Nordnorwegen beginnt, um nach sieben Tagen ebenso pünktlich um zehn Uhr in Kirkenes an der russischen Grenze anzulegen. Die erste derartige Fahrt fand übrigens 1911 statt.

Somit ist Bergen heute eine moderne Großstadt, die nicht zuletzt kulturell von Bedeutung ist. Neben der Universität spielt das Theaterleben eine wichtige Rolle. Was das Musikleben betrifft, ist auf Edvard Grieg hinzuweisen. Er ist der berühmte Sohn der Stadt und hat von 1885 bis 1907 in Troldhaugen, acht Kilometer südlich von Bergen gelebt. Auf dem weiträumigen Grundstück hatte er eine Komponistenhütte am Fuße eines Abhanges mit Blick auf den Fjord. Zahlreiche Werke sind hier entstanden.

Im Zentrum von Bergen entstand 1978 der Konzertsaal »Grieghallen«, in Form eines Flügels aus Stahl, Glas und Beton.

Damit bestand endlich die Möglichkeit, die Musik dieses berühmten Sohns der Stadt vor einem größeren Publikum darzubieten. Edvard Grieg wurde 1843 in Bergen geboren, wo er 1907 auch starb. Von 1858 bis 1862 studierte er am Konservatorium in Leipzig. Nach seiner Rückkehr wandte er sich bewusst ab von dem »mendelssohn-verweichlichten« Skandinavismus, indem er inspiriert von den nordischen Volksweisen zu einem seiner Natur entsprechenden Stil fand.

Auf den der Stadt vorgelagerten Inseln verbringen die Bergenser gern ihre Freizeit.

Odda, eine kleine Ortschaft am Fuß der Hardangervidda (großes Bild).
Auf einer kleinen Fjordinsel steht dieses aus Stein erbaute Bootshaus (links Mitte).
Die ins Tal schäumenden kleineren Flüsse benützen die Lachse als
Treppe zu ihren Laichplätzen (oben).

Folgende Doppelseite: Impressionen des kurzen norwegischen Sommers.
Der Ölreichtum ermöglicht, dass im einst armen Norwegen jetzt überall
im Land der Wohlstand sichtbar ist.

Pflanzenvielfalt in karger Tundra

Wandern in der Hardangervidda

Oben: Schon immer wurde die Wasserkraft der Gebirgsflüsse vom Menschen genutzt, hier für den Antrieb eines Wasserrads an einem Hammerwerk.

Problemlos und komfortabel gelangt man mit der Bergenbahn, die zwischen Oslo und Bergen verkehrt, in die Gletscherregion der Hardangervidda. Zu Dampflokzeiten hatten Heizer und Lokführer tüchtig zu tun, um die Maschine auf 1301 Meter Höhe zu bringen, dem höchsten Punkt der Strecke. Der Streckenabschnitt über das Hochfjell-Plateau – von Geilo bis Mjølfjell – verläuft oberhalb der Baumgrenze in teilweise über 1000 Metern Höhe und ist damit die längste Hochgebirgsstrecke Europas.

Im Sommer 1895 begann der Bau unter härtesten Bedingungen. Die Arbeiter mussten oft in Zelten übernachten, und an Werkzeugen für die Verlegung der Gleise und das Anlegen nötiger Tunnels hatten sie nur Hacken und Schaufeln, Transportmittel waren Pferdekarren. Die Tunnels, die man vielfach als Holzkonstruktion aufgebaut hat, sind vor allem dazu da, die Trasse gegen Schneeverwehungen abzusichern. Der längste, der Ulrikentunnel, misst beinahe acht Kilometer. Trotzdem ist im Winter 1937 ein Zug in den Schneemassen stecken geblieben. Dokumentiert ist das Ereignis auf einer Fotografie in der Wartehalle der Station Finse, Kessel und Schornstein sind von einem dicken Eispanzer bedeckt, die Waggons unter dem Schnee beinahe begraben. Neun Tage soll es gedauert haben, bis der Zug wieder frei kam.

Bei solchen Winterverhältnissen ist es nicht zufällig, dass die Gebrüder Amundsen sich 1896 in dieser Gegend auf ihre Südpolexpedition vorbereitet haben.

Einen ersten Eindruck von der Hochgebirgslandschaft der Hardangervidda erhält man in Geilo. Ursprünglich war das ein unscheinbares, von Gott und der Welt abgeschnittenes Dorf mit ein paar Bauernhöfen und Viehwirtschaft, worauf der Name hinweist. Geil (sprich jeil) bedeutet eingezäunter Viehweg.

Ein Sessellift bringt den Wanderer in 40 Minuten auf die Geilohovda in 1080 Metern Höhe. Ein Weg führt hinüber zur Prestholtseter, einer bewirtschafteten Alm. Wer die Herausforderung sucht, kann den Prestholtskarvet (1859 m) erklimmen. Weniger anstrengend ist die Besteigung des Gipfels Havsdalshovda (1173 m).

Hochsaison hat Geilo jedoch im Winter. Wegen sicherer Schneeverhältnisse am Nordrand der Hardangervidda ist der Ort zur Hochburg des Wintersports geworden. Zahlreiche Skilifte, Abfahrtspisten und gespurte Loipen sowie ausgebuchte Hotels prägen dann das Bild.

Der höchste Bahnhof der Bergenbahn ist mit 1222 Metern das bereits erwähnte Finse. Nun hat man die Gletscherregion erreicht, und der Hardangerjøkulen, mit 78 Quadratkilometern Norwegens sechstgrößter Gletscher, ist zum Greifen nahe. Beim Aussteigen schlägt einem sogar im Juli die kühle Luft entgegen, und die Reste der Schneewände des Weges vom Bahnhof zum Hotel lassen ahnen, wie es hier im Winter aussieht.

Etwa eine Stunde Fußmarsch muss man rechnen, dann hat man eine Gletscherzunge erreicht. Ohne Ausrüstung sollte man allerdings auf eine Begehung verzichten und sich mit ein paar Erinnerungsfotos begnügen. Dieser Plateaugletscher dürfte um 500 v. Chr. bei einer Klimaänderung entstanden sein und 1740, in der sogenannten kleinen Eiszeit, noch mal zugelegt haben. Die ganz große Eiskappe verschwand vor 9000 Jahren, und später war ein Teil der Vidda sogar bewaldet.

Die Finse-Hütte des norwegischen Wandervereins (Norske Turistforening) wurde im Zweiten Weltkrieg erbaut, und zwar von deutschen Besatzungstruppen. Man hat hier Flugzeugmotoren getestet, und es war sogar ein Flugplatz auf der Vidda vorgesehen.

Oben: »Die Brücke dunkel gemauert, die Steine verwittert vom Niederschlag der Zeit, von Sonne und Wind.« T. Vesaas

Unten: Typisches norwegisches Bauerngehöft, mit Wohnhaus, Stallung und einem sehr schön erhaltenen Stabbur.

Auf der Hardangervidda wird in dem Gletschermuseum die erdgeschichtliche Entwicklung des Hardangerjøkulen dokumentiert.

Diese Hütte ist ein idealer Ausgangspunkt für Touren über die Hardangervidda. In Tagesetappen von fünf bis sieben Stunden kann man ohne extreme Ausrüstung von Hütte zu Hütte wandern, an Übernachtungsmöglichkeiten mit einem Grundkomfort fehlt es nicht. Das war früher ganz anders. Wer über die Vidda musste, dem blieben als Schutz vor Wind und Wetter nur aus aufeinandergeschichteten Felsbrocken bestehende niedrige Hütten mit Grasdach, zugig und nicht beheizbar, die Schlafstellen verlaust und verwanzt.

Die erste wissenschaftliche Expedition über die Vidda fand 1812 statt. Ausgangspunkt war Rjukan im Süden, und geführt wurden die Botaniker von einem Bauern aus der Telemark. Ohne größere Begeisterung schildert einer der Teilnehmer seinen Eindruck von der Landschaft, den er vom Gipfel Hårteigen aus gewinnt, als »keineswegs erbaulich, da man wie üblich nichts anderes zu Gesicht bekommt als kahle Bergketten und Schnee«.

Für die Wanderer baute die Norske Turistforening 1868 eine Unterkunftshütte bei Krokan am Rjukanfossen,

Die höchsten Gipfel dieser eisigen Landschaft erheben sich 1700 m über dem Meeresspiegel. Die Hardangervidda zählt zum südlichsten Bereich mit arktisch geprägtem Tier- und Pflanzenleben. Die Häuser werden vor allem im Winter von den Skiwanderern genutzt.

doch weil es kaum Karten gab und keine markierten Wege, war eine Überquerung der Vidda ohne ortskundigen Führer nicht empfehlenswert, und der kostete neun Kronen.

Mit der Bergenbahn, die 1909 ihren Betrieb aufnahm, änderte sich schlagartig die Situation, und heute gilt die Hardangervidda als das beliebteste Tourengebiet Norwegens. Von Finse aus in Richtung Süden braucht man etwa vier Tage bis zum Zielort Rjukan am Rande der Telemark. Entscheidet man sich für die Nordroute, sollte man vier bis fünf Tagesetappen einkalkulieren und erreicht dann den Sognefjord. Von dort gelangt man bequem mit der Fähre nach Bergen.

Beliebt sind im Übrigen auch Viddatouren im Winter mit Langlaufskiern auf zum Teil gespurten Loipen.

Wo aber, so fragt man sich, liegt nun eigentlich der Reiz dieser weiten Hochfläche mit wenigen Gipfeln, dazu oft mit regnerischem Wetter und, wenn die Sonne scheint, surrenden Mücken? Für die meisten ist es die besondere Tundrenvegetation, die in den drei Sommermonaten trotz arktischem Klima bis zu 500 Pfanzenarten hervorbringt. Die Natur bietet alles auf, um sich für kurze Zeit zu schmücken. Weiß glänzt der Siebenstern, hellgelb der Wiesenwachtelweizen und leuchtend blau der Nordische Eisenhut. In sumpfiger Umgebung wiegen sich die Büschel der Wollgräser im Wind. Den purpurroten Schneeenzian kann man ebenso antreffen wie den blauen Feldenzian, und es wachsen sogar Orchideen wie die Mückenhändelwurz. Am zähesten sind die Flechten, diese Pionierpflanzen, die mit gelben und grünen Ornamenten sogar kahle Felsen überziehen. Wegen dieser Flechten ist hier das Rentier heimisch.

Auf der Hardangervidda finden wir die größte Population an wilden Rentieren von ganz Europa. Den Versuch, sie zu zähmen wie in Lappland, hat man wieder aufgegeben, und so ziehen die Herden wie seit Jahrhunderten von ihren Winterweideflächen im Ostteil der Vidda zu den Sommerweideplätzen im Westen. Im Mai kalben dann im Veigdalen die Renkühe. Den Sommer verbringen die Herden bevorzugt in den Schneeregionen, um den Mücken zu entgehen.

Die Zahl der Tiere steigt zeitweise auf über 30 000 und muss durch sorgfältige Jagd reduziert werden, um eine Überweidung zu vermeiden. Man geht davon aus, dass die Weidemöglichkeiten für 12 000 Rentiere ausreichend sind. Außer dem Vielfraß, der den Herden folgt, gibt es kaum natürliche Feinde. An Säugetieren leben auf der Vidda neben dem Polarfuchs vor allem Kleinnager wie die Lemminge. Sie bilden eine willkommene Beute für die Schneeeule und den Raufußbussard.

AUF DEN SPUREN DER STABKIRCHEN

Das Fjordland bis Trondheim

Wegen des Fischreichtums an der Fjordküste hat sich Norwegen bis heute geweigert, der Europäischen Union beizutreten. Man will sich nicht den vorgegebenen Fangquoten aus Brüssel unterwerfen.

Und was wenn der schummrige Dämmer
ein tauber Nacken wird
und die Menschen applaudieren
dem Untergang der Sonne?
TERJE JOHANNSEN

Die Bahnlinie Oslo–Bergen war kaum fertiggestellt, da wurde ein neues, bahntechnisch noch ehrgeizigeres Projekt in Angriff genommen. Man wollte von der Fjellregion der Hardangervidda eine direkte Verbindung schaffen hinunter zur Fjordregion. Von dem 866 Meter über dem Meer liegenden Bahnhof Myrdal sollte ein Schienenweg nach Flåm am Sognefjord gebaut werden, auf zwei Meter über dem Meeresspiegel. Das bedeutet einen Höhenunterschied von 864 Metern auf einer Strecke von 20 Kilometern!

Nach langen Verhandlungen im Storting begann man 1924 zu bauen und nutzte dabei den vom Bau der Bergenbahn her bestehenden »Rallarvägen«, die Schotterstraße für den Transport von Material und Werkzeug.

20 Tunnels mussten gebohrt werden, zusammengezählt eine Strecke von fast sechs Kilometern, und zwar in Handarbeit. Durchschnittlich brauchte man pro Meter Tunnel einen Monat. Vier der Tunnels sind als sogenannte Kehrtunnels angelegt, dort fährt der Zug im Tunnel eine Kehre und gelangt dadurch eine Stufe höher beziehungsweise tiefer. Deshalb sieht man beim Blick aus dem Abteilfenster das Flåmstal oder die tosenden Wasserfälle einmal auf der linken und einmal auf der rechten Seite.

17 Jahre später, also 1941, war es dann so weit, nicht zuletzt auf Druck der deutschen Besatzungstruppen, und der reguläre Schienenverkehr konnte aufgenommen werden. Zunächst sollten nur Güter transportiert werden. Das Hauptproblem bestand darin, bei einem Gefälle von 55 Prozent über ein ausreichend starkes Bremssystem zu verfügen. Und so war jeder Güterwagen anfangs mit einem Mann besetzt, um die Spezialbremsen zu bedienen. Die Fahrzeit betrug hinunter zum Fjord etwa eine Stunde, hinauf zur Vidda musste man 20 Minuten mehr rechnen. Und bei Berekvam stand für die Dampflokomotive ein Wasserturm bereit.

Aus 300 Metern Höhe fällt dieser Wasserfall, von den Norwegern auch als »Brautschleier« bezeichnet, in den Geirangarfjord.

Oben: Der Svartisen ist mit seinen 221 Quadratkilometern der viertgrößte Gletscher Norwegens.
Unten: Stimmungsvoll glitzert der Fjord in der Mitternachtssonne

Als die Strecke auch für die Beförderung von Personen freigegeben wurde, setzte man drei Dampflokomotiven mit speziellen Scheibenbremsen ein. Heute ist die Strecke elektrifiziert, es gibt fünf unabhängig voneinander wirkende Bremssysteme, und die Fahrzeit beträgt jeweils etwa 60 Minuten.

Die Norweger bezeichnen diese Flåmsbana liebevoll als »Fjordpferd«, beharrlich und zäh findet sie unbeirrt ihren Weg vom Fjord hinauf ins Gebirge, genauso trittsicher und umsichtig bringt sie den Reisenden hinunter zum Meer, nach Flåm. Dieser Ort liegt am Ende des Aurlandsfjords, einem Ausläufer des Sognefjords. Dieser größte der norwegischen Fjorde bildet ein verästeltes System an Fjorden und reicht von der Küste 205 Kilometer hinein ins Land. Damit ist er seit jeher für die hier lebenden Menschen eine Art Kommunikationsnetz. Auf dem Wasserweg konnte man aus den hintersten Bergtälern bis zum Meer gelangen und von dort zur großen Stadt Bergen. Diese Verbindung besteht nach wie vor, von Flåm aus verkehrt eine Fähre nach Bergen. Auf der herrlichen Fahrt durch diesen imposanten Sognefjord, der bis zu 1300 Meter tief ist, wird man an den steilsten Berghängen Bauernhöfe erblicken. Die meisten sind verlassen, aber man kann sich vorstellen, wie sehr die Bewohner auf den Fjord als Verbindung zur Welt angewiesen waren.

Gleichzeitig galt diese Gegend in Norwegen seit der Wikingerzeit als eine Art Zentrum, wo sich die Stämme aus dem Norden, dem Süden und dem Westen trafen. Deshalb hat man um das Jahr 1000 in Eivindvik am Ausgang des Sognefjords einen Gerichtsort eingerichtet, das »Gulating«, um die Rechts-

Oben: Eng am Fjord entlang schlängeln sich die Uferstraßen, die im Winter oft nicht passierbar sind.
Unten: Immer häufiger wird der Bedarf an Fisch durch künstlich angelegte Fischfarmen gedeckt.

streitigkeiten der Großbauern statt durch Blutrache auf gesetzliche Art zu regeln.

Nicht nur für weltliche Unstimmigkeiten kam man zum Sognefjord. An seinen Ufern entstanden zu dieser Zeit auch Stätten für die Anbetung des neuen, christlichen Gottes, die für Norwegen so typischen Stabkirchen.

Mit diesem Namen wird die besondere Bauart des Gebäudes bezeichnet. Während beim gewöhnlichen Bauernhaus die Balken in Blockhausmanier waagrecht aufeinandergeschichtet und an den Ecken miteinander verfugt werden, besteht die Stabkirche aus einem Skelett von senkrecht aufragenden Holzsäulen, die auf Norwegisch »stav« heißen und im Deutschen zu »Stab« wurden. Ebenfalls senkrecht hat man zwischen die Eckpfosten die Bretter der Wandverkleidung eingefügt. Diese tragenden Eckpfosten sind – wie beim Schiff die Masten – eingesenkt in ein Fundament von vier oder mehr sich kreuzenden Balken. Sicher haben beim Bau der Stabkirchen die Erfahrungen aus dem Schiffsbau eine wichtige Rolle gespielt, und wie beim Drachenboot Mast und Spanten den Stürmen trotzen mussten, so waren es beim Kirchen»schiff« die »Stäbe«.

Der Laubengang, der viele Holzkirchen umgibt, diente als Wetterschutz, und in früheren, kriegerischen Zeiten war es üblich, dass die Männer während des Gottesdienstes dort ihre Waffen ablegten. Nicht nur gegen das Wetter bot so eine Stabkirche Geborgenheit und Schutz, mindestens ebenso bedrohlich waren Geister und Dämonen. Und in diesem Punkt wollten sich die Normannen nicht ganz und gar auf den Christengott verlassen. Deshalb sieht man an

Der Øksfjordjøkulen kalbt direkt ins Meer. Die Eisstücke haben die Fischer in früheren Zeiten benutzt, um ihren Fang auf der Fahrt nach Bergen kühl zu halten.

Die von den Gletschern glatt geschliffenen Felsformationen bleiben nach deren von der Klimaerwärmung hervorgerufenen Rückzug übrig.

den Dachfirsten manchmal noch stilisierte Drachenköpfe, und zwar an der Ost- und Westseite, weil die Überirdischen den Weg der Sonne bevorzugen. Nord- und Südseite schützte man mit dem Symbol des Kreuzes. Die hohe Schwelle am Eingang, die auch in Bauernhäusern verbreitet ist, nennt man übrigens Geisterschwelle.

Im Inneren der Stabkirchen ist es meistens ziemlich dunkel, und es riecht nach Holz und Teer. Ursprünglich fiel nur durch bullaugenähnliche Löcher unter den Dachbalken ein bisschen Licht herein, im Laufe der Zeit sind Fenster angebracht worden. In dieser warmen Höhlenatmosphäre entsteht sofort ein Gefühl der Geborgenheit, anders als in den eher kühlen Steinkirchen.

Die erste Stabkirche, die man von Flåm aus erreicht, steht in dem kleinen Dorf Undredal. Bis 1988 konnte man Undredal nur auf dem Wasserweg oder über schmale Gebirgspfade erreichen, seitdem führt auch eine Straße dorthin. Die Kirche gehört mit ihren nur 40 Plätzen zu den kleinsten ihrer Art. Neben dieser Sehenswürdigkeit ist das Dorf für seinen Ziegenkäse berühmt, auf jeden der 130 Dorfbewohner kommen vier Ziegen, und alljährlich wird ein Ziegenkäsefestival veranstaltet.

Die nächste Stabkirche findet sich in dem Ort Kaupanger etwas weiter nördlich. An dieser Stelle war im Mittelalter ein Handelsplatz. Die Kirche wurde im 19. Jahrhundert umgebaut, die erste Version geht auf das Jahr 1000 zurück.

Höhepunkt der Stabkirchenbesichtigungstour ist die idyllisch gelegene Urnes-Stabkirche am Ostufer des Lusterfjords, dem hintersten Ausläufer des

Sognefjords. Typisch ist auch hier, dass der beste Zugang übers Wasser erfolgt, von Solvorn aus verkehrt eine Fähre. Datiert ist das Bauwerk auf die erste Hälfte des zwölften Jahrhunderts, aber die Nordwand mit ihren kunstvollen Schnitzereien deutet auf eine wesentlich frühere ursprüngliche Kirche hin, was die UNESCO veranlasst hat, Urnes auf die Liste des Weltkulturerbes zu setzen.

Beschaulich fährt dieses den Drachenbooten nachgebaute »Wikingerschiff« mit einer Reisegruppe durch den Fjord.

Am hintersten Ende dieses Fjordarms stand in Fortun bei Skjolden eine weitere sehr eindrucksvolle Stabkirche. Man hat sie in all ihrer Einzigartigkeit »verpflanzt«, wollte sie vor dem Verfall retten und der Allgemeinheit leichter zugänglich machen. Deshalb steht dieses Gebäude inzwischen in Fantoft bei Bergen.

Als letzte der im Bereich Sognefjord befindlichen Stabkirchen sei die imposante Borgundkirche genannt, die genauso wie die Fantoft-Stabkirche mit ihren Drachenköpfen an den Dachfirsten eindrucksvoll dokumentiert, wie sich in dieser Form des Gotteshauses heidnische und christliche Gottesvorstellungen verbinden.

Wenn man Reisende – egal welcher Nation – von den »beautiful Norvegian fjords« schwärmen hört, gehört dazu selten der Sognefjord. Gemeint ist dann die Fjordlandschaft von Møre und Romsdal, sind Fjorde gemeint wie der Storfjord, der Hjørundfjord und als Höhepunkt der Geirangerfjord. Wie gigantische Axthiebe schneiden sie kreuz und quer weit ins Land hinein, spalten es so, dass eine Küstenlinie von 6237 Kilometern entsteht. An ihren Rändern leben die Menschen, in dieser Provinz sind es etwa 250 000, der größte Teil davon wohnt allerdings in den Küstenstädten Ålesund, Molde und Kristiansund.

Als geologisch notwendiger Kontrast zu den Fjorden und der Küstenregion im Westen gehört die raue Hochgebirgslandschaft im Osten wie beispielsweise das über 1800 Meter aufragende Bergmassiv Trollheimen. Den Namen, Heim der Trolle, haben die ersten Touristen geprägt, die hier am Ende des 19. Jahrhunderts wanderten und von der außergewöhnlich abwechslungsreichen und üppigen Gebirgsgegend mit den hohen Zinnen und den sanften Tälern fasziniert waren. Dementsprechend gilt Trollheimen als die Perle unter den norwegischen Gebirgen.

Wer im hohen Norden lebt, weitab von den Annehmlichkeiten der Städte, tut dies gewöhnlich aus echter Liebe zur Natur.

In einer solchen Landschaft bedeutet der Bau von Straßen eine besondere Herausforderung, und so gibt es rund um Møre und Romsdal noch zahlreiche Fährverbindungen. Wie abenteuerlich eine Autoroute aussehen kann, zeigt der Trollstigen bei Åndalsnes. Bis 1936 gab es über das Gebirge nur einen Saumpfad, und es dauerte 20 Jahre, bis eine Trasse für den Autoverkehr fertiggestellt war. Elf Serpentinen waren nötig, um von Meereshöhe auf 850 Meter zu kommen, und die Steigung beträgt bis zu zwölf Prozent.

Als die Straße noch nicht geteert war, so wird erzählt, soll es vorgekommen sein, dass ahnungslose Touristen mit ihrem Pkw die Straße hinaufgefahren waren, vielleicht sogar noch die herrliche Aussicht auf die umliegenden Gipfel genossen haben, dann aber – welch ein Graus – die Hinunterfahrt vor sich hatten. Diesen Augenblick nutzten findige junge Norweger und boten dem blassen Fahrer an, gegen Entgelt sein Auto ins Tal zu chauffieren.

Ein idealer Ausgangspunkt zur Erkundung dieses Fjordlandes ist ein Abstecher nach Åndalsnes am Romsdalfjord. Bei diesem Ausflug hinüber zum Westkap verlässt man in Dombås die Nordkaprennstrecke E6 oder den Expresszug nach Trondheim. Schienenstrang und Straße verlaufen parallel, und schon bald befindet man sich im lauschigen Raumatal mit Laubwäldern und der schäumenden Rauma, und nach 114 Kilometer ist man 660 Meter tiefer auf Meereshöhe.

Die Straße von Åndalsnes nach Ålesund klebt eng am Fels über dem Wasser. Mit ihrer Fangflotte, den Fischtrawlern und der fischverarbeitenden Industrie, wobei besonders der Klippfisch eine Rolle spielt, gilt Ålesund als Haupt-

Das Kreuz und die Drachen – beide Symbole sollen vor den bösen Geistern schützen, vor Unwetter, Sturm und Hungersnot.

Das Christentum der iro-schottischen Mönche

Die Rätselbilder der Stabkirchen

Den Mönchen aus Irland und Schottland gelang es, die Wikingerhäuptlinge von ihrem Christengott zu überzeugen.

Gut versteckt zwischen hohen Bergen und jenseits von vielen tiefen Wassern liegt die Urnes-Stabkirche. Diese Lage, zwischen Fjord und Fjell als ein Teil dieser gewaltigen Natur, ist typisch für die mit ihren Holztürmen zum Himmel aufragenden, schlichten Gotteshäuser. Ursprünglich, also zur Zeit der Christianisierung, hat es in Norwegen etwa 900 Stabkirchen gegeben. Zu Beginn des 19. Jahrhunderts waren es rund 100, heute sind ganze 28 übrig geblieben. Einige hat man, um sie erhalten zu können, an ihrem Standort abgebaut und in Freilichtmuseen wie auf Bygdøy vor Oslo, in Lillehammer oder in die Nähe einer Stadt wie Fantoft bei Bergen verpflanzt. In ihrer Aussage und Bedeutung verständlich sind sie jedoch nur an dem Platz, an dem sie ihrer Aufgabe, den christlichen Glauben zu verkünden, gerecht wurden.

Ebenso wie die rätselhaften Bilder, Motive und Symbole in den Kirchen spiegelt der Standort inmitten der Natur den neuen Glauben auf besondere Weise. Mitgebracht haben die Norweger dieses Christentum aus England, Irland, Schottland, Island und den Färöer-Inseln. Überall dort gab es Mönche, die die Saat des neuen Glaubens allmählich an den norwegischen Fjorden und in den Tälern säen und aufgehen lassen wollten. Ihr Christentum sah allerdings anders aus als das römisch-katholische, das später kam.

Die irischen Missionare, deren Christentum von der Weisheit keltischen Denkens geprägt war, predigten einen allumfassenden Gott, für den alle Lebewesen in Gemeinschaft existieren, der Mensch also nicht alleinige Krone der Schöpfung war. Für sie waren Steine, Pflanzen, Tiere, Menschen und Engel miteinander verwandt, bildeten eine universelle Einheit. Deshalb stehen die Stabkirchen am lebensspendenden Wasser, deshalb sind die kunstvoll geschnitzten Darstellungen an den Türen und in den Kirchen seltsame Mischwesen, die sinnbildlich für diese Gemeinschaft stehen, und ein gekreuzigter Heiland fehlt.

So entsteht beim Eintritt ins Dunkel einer nur spärlich erhellten Stabkirche nicht das Gefühl der Ehrfurcht vor dem strengen allmächtigen Gott, vertreten durch das auf der Kanzel verkündete Gotteswort. Man bekommt eher das Gefühl der Geborgenheit, der Vertrautheit und des Miteinanders mit der Schöpfung und ihrer Wahrheit des Entstehens und Vergehens.

Diese christliche Botschaft wird in der Stabkirche symbolisch und bildhaft vermittelt, wobei die Bilderwelt des altnordischen Götterglaubens und die des Evangeliums in der Bibel zu einer Einheit gelangen.

Sieht man sich die Kapitellbilder an der Nordwand der Urnes-Stabkirche an, ist man beim Anblick der kunstvoll geschnitzten und ornamental gestalteten, merkwürdig verdrehten Tierkörper zunächst ratlos, wo hier ein Bezug zum Christentum sein soll. Die heutige Auffassung sieht darin heidnische Motive, und ihre Sprache ist nur verständlich, wenn man sich die bereits genannte Auffassung von einer allumfassenden Schöpfung bewusst macht.

Beobachtet man die Wasseroberfläche des Lusterfjordes, an dem die Urnes-Kirche steht, sehen die sich ein- und auswickelnden Spiralen auf der Wasseroberfläche aus wie die Windungen auf den Kapitellen und Lisenen in der Kirche. Blickt man vom gegenüberliegenden Fährort Solvorn von oben hinüber auf die Urnes-Seite, stellt man überrascht fest, dass einige Konfigurationen an der Felswand hinter der Kirche aussehen wie die Urnes-Tiere, die sich selbst in den Hals beißen. Mit anderen Worten: Die umgebende Landschaft und die Kultstätte sprechen dieselbe Sprache.

Die Urnes-Kirche beschreibt in ihren Bildern also ausführlich das Leben zwischen Geburt und Tod und deutet die Fortsetzung des Lebens nach dem Tod ein wenig an. Die Kapitellbilder an der Nordwand verkünden darüber hinaus auch die Idee des Christentums, zum Beispiel den Gedanken der Dreifaltigkeit. Dreifach wird Gott für den Menschen geboren, als Vater und Schöpfer des Weltalls, als Sohn, der auf die Erde kommt und zum Erlöser wird, und als Geist in der Seele jedes Menschen. Betrachtet man das erste Bild, so zeigt es ein stehendes Fabelwesen mit hängender Zunge und gerunzelter Stirn. Im zweiten Bild bekommt die Figur eine Vogelphysiognomie mit langen, wehenden Locken am Hals und leichter Bewegung in den Beinen. Im dritten Bild ist der Schwanz unterm Körper eingezogen und der Nacken stark gebeugt, sodass die Zunge nach hinten zeigt und den Hals kreuzt – als würde nach innen gesprochen und als wittere der Schwanz neue innere Impulse. Die vier Beine stehen fest und sicher.

Das sind nicht einfach primitive heidnische Tierdarstellungen, sondern eine gleichnishafte Wiedergabe grundsätzlicher, christlicher Glaubensinhalte. Wesentlich zum Verfall der Stabkirchen dürfte jedoch die Einführung der Reformation in Norwegen beigetragen haben, wonach bildliche Darstellungen von Glaubensinhalten grundsätzlich abgelehnt werden.

Die geschnitzten Ornamente an den Wänden und Säulen der Holzkirchen sind keine heidnischen Tierdarstellungen, sondern geben gleichnishaft christliche Glaubensinhalte wieder.

Bevor Straßen und Brücken zu den einsam gelegenen Gehöften gebaut wurden, war der Fjord als Wasserstraße die einzige Verbindung zur Außenwelt.

stadt der norwegischen Fischerei. Die Einnahmen aus dem Fischexport betragen jedes Jahr Millionen von Kronen.

Steigt man vom Zentrum aus 418 Stufen zum Aussichtspunkt des Aksla hinauf, sieht man, dass sich die Stadt im Wesentlichen auf drei Inseln verteilt. Vorgelagert ragen wie gewaltige Felskolosse kahle Berge aus dem Wasser und schirmen die Hafenanlage vor dem stürmischen Nordmeer ab.

Bei einem Streifzug durch die Straßen fällt eine Reihe von Jugendstilhäusern auf. Hausfassaden mit zierlichen Weinranken und Ornamenten bilden einen unerwarteten Kontrast zur rauen Welt der Fischerei und ihren Trawlern und den Schiffen der Robben- und Walfangflotte mit Bugkanonen. Entstanden sind die Häuser 1904 nach einem verheerenden Brand, und den Wiederaufbau hat nicht zuletzt Wilhelm II. finanziell unterstützt, woran die Keiser-Wilhelmgate erinnert.

In einer wahren Hymne preist der große Dichter Bjørnstjerne Bjørnson die Stadt Molde, wo er seine Schulzeit verbracht hat, wenn er in einem Gedicht schreibt:

»Nichts ist so schwarz wie dein Fjord, wenn er fauchend
an dir vorbeifährt, meersalzig rauchend,
Nichts ist so sanft wie dein Strand, deine Inseln,
ja deine Inseln!
Nichts ist so stark wie dein bergiger Kranz,
Nichts ist so zart wie der Sommernacht Glanz.
Molde, Molde ...«

Diese Begeisterung des Dichters für Molde ist durchaus nachvollziehbar. In glücklicher Unwissenheit um die Lage am nördlichen Breitengrad von 62°44'40'' gedeihen hier Kastanien, Blutbuchen, Eschen, Ahorne und Linden. Außerdem ist die Stadt berühmt für ihre Rosen. Vor den rauen Meereswinden durch den »bergigen Kranz« geschützt und unterstützt von der Warmwasserheizung des Golfstroms blüht im Juli die ganze Stadt. Rosen auf dem Dach des Rathauses, Rosen die Storgata entlang, Rosen im Alexandrapark und Rosen in den Gärten der Hochschule. Ergänzt wird diese Pracht für Auge und Nase durch die heißen Rhythmen der Jazzgruppen, die sich alljährlich in Molde zum Jazzfestival treffen. Dann herrscht in der Stadt ein beinahe südländisches Flair.

Will man von Molde nach Kristiansund, erlebt man den Atlanterhavsveien, eine Küstenstraße, die in ständiger Nachbarschaft mit dem Nordmeer verläuft und einige imposante Brückenkonstruktionen aufweist. Zu steigern ist das Erlebnis, wenn man diese 85 Kilometer mit dem Fahrrad zurücklegt.

Kristiansund wurde 1742 von Christian VI. zum Handelsplatz erklärt, nicht zuletzt wegen seiner Klippfischproduktion, die hier ihren Anfang nahm. Wie Ålesund verteilt sich die Stadt auf drei Inseln und verfügt über eine Fischfangflotte.

Auf dieser Route sind im Übrigen auch Stabkirchen zu entdecken, Rødven kurz nach Åndalsnes und Kvernes bei Kristiansund, beide am Fjord gelegen, direkt übers Wasser erreichbar. Diese bescheidenen Gotteshäuser aus Holz

Im Fischerort Bud, an der Atlantikstraße nach Kristiansund, trafen sich 1533 zum letzten Mal die Mächtigen des Landes, bevor die Dänen die Herrschaft übernahmen.

Oben: Das Denkmal ist den Norwegern gewidmet, die von Alesund aus versuchten, vor den deutschen Besatzern nach England zu fliehen, und dabei ums Leben kamen. Rechts oben: Die Stadt ist wegen ihrer Jugendstilhäuser berühmt. Rechts unten: Speisesaal des Jugendstilmuseums.

und Teer, die den nordischen Gottheiten ebenso eine Heimstatt boten wie dem christlichen Gott, waren nur bedingt geeignet, die Macht der von Rom gelenkten Kirche zu repräsentieren. Nicht vergessen darf man dabei das Interesse der norwegischen Könige, die für die Erhaltung ihrer Position eine starke Kirche brauchten. So begann man 1070 in Nidaros, einem Handelsplatz am Trondheimfjord, mit dem Bau einer gewaltigen Kathedrale. Bereits 997 hatte der Wikingerkönig Olav Tryggvason hier seinen Königshof errichtet. Zum nordisch-christlichen Zentrum wurde der Ort, als Olav Haraldsson, der spätere heilige Olav, nach seinem Tod 1030 hier seine letzte Ruhestätte fand. Bereits 30 Jahre danach hat sein Neffe den Grundstein für den Dom gelegt. Am 20. Juli 1152 landete der römische Kardinal Nicolas in Norwegen und erklärte Nidaros zum Erzbistum. Neben dem König regierte der Erzbischof bis nach Island und Grönland, und nur als christliche Herrscher fanden die norwegischen Könige bei den Fürsten Europas Vertrauen und Anerkennung. Erst wenn man sich das bewusst macht, versteht man die gewaltigen Ausmaße der im gotischen Stil erbauten Kathedrale mit 100 Metern Länge und 50 Metern Breite. Das war für die damals in Nidaros lebenden 1000 Bewohner überdimensioniert, ist als Machtsymbol jedoch erklärlich. Außerdem entwickelte sich die Stadt rasch zu einer Art »Jerusalem des Nordens«, wurde eine Pilgerstätte für viele Christen. Statt nach Jerusalem, Rom oder Santiago de Compostela zu pilgern, suchte man Trost, Heil und Segen am Grab des heiligen Olav, das man inzwischen in den Nidaros-Dom verlegt hatte. Mit der Reformation endete die Verehrung des heiligen Olav.

Blick vom Aussichtspunkt hinunter auf die Fischerstadt Ålesund.

Scandic

Der enge, wilde und schöne Geirangerfjord gehört zu den größten Touristenattraktionen des Landes. Drei berühmte Wasserfälle – »Die sieben Schwestern«, »Der Freier« und »Der Brautschleier« – ergießen sich in den Fjord.

Odins Angst vor Ragnarøk

Die Götter der Wikinger

Die nordischen Götter hielten sich nicht für unsterblich. Ständig dachte ihr Oberhaupt Odin darüber nach, wie er den Kampf gegen die Riesen, der das Weltende bedeutete, vermeiden könnte.

Wie in der germanischen Religionsauffassung allgemein glaubten auch die Nordgermanen an ein Schicksal, das den Lauf der Welt bestimmt. Dieses Schicksal ist abhängig von dem dauernden Kampf zwischen den guten und den bösen Mächten, und das waren auf der einen Seite die Götter, auf der anderen die Riesen.

Aufgeschrieben wurde dieses Schicksal der Götter auf Island, in dem Lied der älteren Edda, der sogenannten »Vøluspá«, den Weissagungen der Seherin. Erzählt wird die Entstehung der Welt, der Götter, der Riesen und der Menschen, und ein prophetischer Blick in die Zukunft wird getan.

Vor Entstehung der Welt gab es nur einen klaffenden Schlund, es waren nicht Sand, noch See noch Salzwogen, es fand sich weder Erde noch Himmel und auch kein Gras. Da wuchs im Süden dieses Schlundes Muspellsheimr hervor, ein glühend heißer Ort, von dem einst beim Weltuntergang die Vernichtung ausgehen wird. Im Norden des Abgrundes lag Niflheimr mit Frost, Eis und Nebel.

Aus der Wärme von Muspellsheimr entstand auf geheimnisvolle Weise Leben in Form eines gewaltigen Riesen, Ymir. Gleichzeitig mit ihm tauchte die Kuh Audhumbla auf. Sie leckte an den salzigen Steinen, und nach drei Tagen kam ein Gott hervor, Bur. Seine drei Söhne, darunter Odin, töteten Ymir und schufen aus sei-

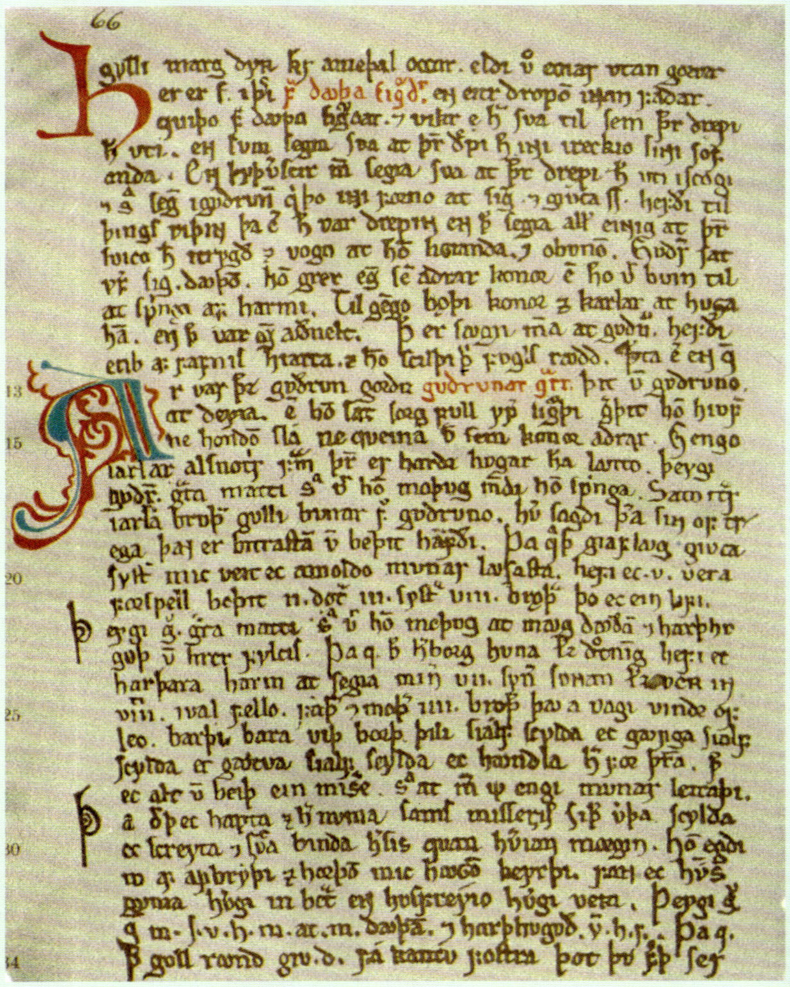

nem Körper die Erde, den Himmel und das Meer. Die Erde aus dem Fleisch, die Berge aus den Knochen, das Meer aus dem Blut, aus dem Schädel den Himmel, und das Gehirn verteilten sie als Wolken. Die Nachkommen der drei Söhne waren die Asen, und sie schufen aus zwei Bäumen die ersten Menschen, Ask, den Mann und Embla, die Frau. Odin blies ihnen Leben ein.

Als Wohnsitz für die Menschen schufen die Asen den herrlichen Midgard, wo grüne Gräser wuchsen und die Sonne schien. Aus Ymirs Augenbrauen bauten sie um Midgard einen Wall zum Schutz vor den Riesen. Und sie verbanden Midgard durch Bifrost, eine Regenbogenbrücke, mit Åsgard, ihrem eigenen Wohnsitz. Damit kein Unbefugter die Brücke betrete, setzte Odin einen seiner Söhne, Heimdall, als Wächter ein.

In Åsgard residiert als oberster Gott Odin. Von seinem Hochsitz aus kann er über die ganze Welt sehen und alles beobachten. Besondere Aufmerksamkeit widmet er dem fernen Reich der Riesen, Jotunheimen, von dort droht ständig Gefahr. Um jederzeit für einen eventuellen Kampf gerüstet zu sein, lässt Odin eine große Halle bauen, Walhall. Dorthin sollten die tapfersten der auf der Erde gefallenen Krieger gebracht und von schönen Jungfrauen, den Walküren, verwöhnt werden, um bei einem Angriff der Riesen jederzeit verfügbar zu sein. Damit genügend Krieger auf der Welt sind, schickt Odin sogar Sohn Heimdall zu den Menschen, auf dass er mit Menschenfrauen Helden zeuge.

In der Mitte der Welt steht Yggdrasil, die Weltesche. Die immergrünen Zweige dieses riesigen Baumes überspannen die ganze Welt und reichen bis in den Himmel. Die eine der drei Wurzeln endet bei den Asen und dem Urdbrunnen. Dort wohnen die Nornen, die über das Schicksal eines jeden Menschen bestimmen. Die zweite Wurzel streckt sich bis Jotunheimen, dem Reich der Riesen, und hier steht der Brunnen des Riesen Mimir. Wer daraus trinkt, erlangt Weisheit und Klugheit. Die dritte Wurzel endet beim Brunnen Hvergelme im Nebelland.

Odin, der stets alles versucht, um stärker oder klüger als die Riesen zu sein, hatte einmal Mimir so lange bearbeitet, bis ihm dieser erlaubte, einen Schluck aus dem Brunnen der Weisheit zu trinken. Allerdings musste Odin dafür ein Auge hergeben. Damit der einäugige Göttervater immer über alles, was in der Welt geschieht, bis ins ferne Utgard Bescheid weiß, hat er zwei Raben, Hugin und Munin, die auf seiner Schulter sitzen und ihm ins Ohr sagen, was sie bei ihren Flügen gesehen haben. Um selbst schnell überall hinzukommen, besitzt Odin das achtbeinige Pferd Sleipner. Leider haben auch die Riesen

Um genug Krieger für diesen Kampf zu haben, schickte er die Walküren aus, um die tapfersten Wikinger nach Walhall zu holen, wo sie bestens bewirtet wurden.

Eindrucksvolle Bilder aus der Sagenwelt des Nordens.

ein sehr schnelles Pferd, Gullfakse. Heute gibt es Odin noch im »onsdag«, Odins Tag, das norwegische Wort für Mittwoch. Außerdem ist eine Gasförderplattform zwischen Stavanger und Bergen nach ihm benannt. Diese Plattform befindet sich in unmittelbarer Nähe zur Plattform Frigg, benannt nach seiner Gemahlin. Sleipner und Gullfakse sind ebenfalls Namen von Bohrinseln.

Das gilt auch für den stärksten der Götter, Thor, ebenfalls ein Sohn von Odin und ebenfalls mit dem Ölgeschäft verbunden. Thor oder Tor befindet sich in einem ständigen Kampf gegen die Riesen, muss die Götter und die Menschen vor ihnen schützen. Dabei hilft ihm Mjölnir, ein Zauberhammer, der immer trifft und danach zu seinem Besitzer zurückkehrt. Einmal hatte Thrym, einer der Riesen, den Hammer gestohlen. Er wollte ihn nur zurückgeben, wenn er Freya, die Göttin der Liebe und der Fruchtbarkeit, zur Frau bekäme. Da sich Freya strikt weigerte, auf den Handel einzugehen, blieb Thor nichts anderes übrig, als sich in Brautgewänder zu hüllen und mit seinen Ziegenböcken, die er an Stelle von Pferden vor seinen Wagen spannte, nach Jotunheimen zu fahren. Thrym durchschaute die Verkleidung nicht, überreichte der vermeintlichen Braut Mjölnir und wurde

Odin ist der Gott der Weisheit. Sein Wissen hat er von seinen beiden Raben Hugin und Munin, die auf seinen Schultern sitzen. Jeden Morgen schickt er die Raben in die Welt hinaus, und mittags kehren sie zurück und melden, was sie gesehen haben.

Der Riese Ymir lebte von der Milch der Kuh Audhumbla. Er wurde später von seinen Söhnen getötet, die aus seiner Leiche Erde, Himmel und Meer schufen.

sofort damit erschlagen. »Torsdag« ist das norwegische Wort für Donnerstag.
Eine besondere Rolle in Åsgard spielt Loki. Er ist der Sohn eines Riesen, hat aber einmal mit Odin Blutsbrüderschaft getrunken und war deshalb bei den Asen aufgenommen worden. Wie alle vom Geschlecht der Riesen ist Loki hinterhältig und unzuverlässig. Einmal half er sogar den Riesen, Idun zu entführen. Diese Göttin besitzt die Äpfel, die die Asen regelmäßig essen müssen, damit sie jung bleiben. Idun ist mit Brage, dem Gott der Dichtkunst, verheiratet, und Brage ist auch ein Sohn Odins. Nach ihm ist heute einer der begehrtesten norwegischen Literaturpreise, der Brage-Preis, benannt. Die schlimmste Tat Lokis ist allerdings, dass er an Balders Tod beteiligt ist. Balder, übrigens auch die Bezeichnung für eine Bohrinsel, ist ein weiterer Sohn Odins und gilt als der gute und milde Gott, den die Menschen lieben.
Am Ende ihrer Weissagung prophezeit die Seherin den Tag, an dem die Sonne schwarz werden und die Erde ins Meer sinken wird, an dem der Himmel und die klaren Sterne verschwinden werden. Das ist der Tag des Verhängnisses, Ragnarøk, Weltuntergang. Davon werden nicht nur die Menschen, sondern auch die Götter und die Riesen betroffen sein. Doch nach diesem Ragnarök, so die Weissagung der Seherin, sieht sie die Erde zum zweiten Mal frisch ergrünt aus dem Meer heraufkommen, sieht den Adler Fische jagen und sieht, wie sich die Götter erneut auf dem Idafelde versammeln.
Unbesät werden die Äcker wieder Früchte hervorbringen, alles Böse wird sich bessern, und Balder, der Gott des Guten, wird wiederkehren.
Nach der nordischen Mythologie ist die Erde eine Scheibe. Im Zentrum der Scheibe befindet sich Midgard, wo die Menschen leben. Darüber erhebt sich Åsgard, der Wohnsitz der Götter, und ganz außen am Rand der Scheibe, wo die Welt sozusagen zu Ende ist, in Utgard, da hausen die Riesen.

Wie lebendig die nordischen Götter im modernen Staat Norwegen sind, beweisen nicht nur die nach ihnen benannten Tage der Woche und die Namen der Ölplattformen. Die feindlich gesinnten Riesen dagegen sind als Trolle allgegenwärtig und machen in den Souvenirläden, wo sie in allen Formen und Größen zu finden sind, eine eher lächerliche Figur. Ein Sieg der Götter über die Riesen.

POLARNACHT UND MITTERNACHTSSONNE

Lofoten, Nordkap und das Land der Samen

Es waren nicht zuletzt die Fischer Nordnorwegens, die bei den beiden Volksabstimmungen, ob Norwegen der Europäischen Union beitreten soll, mit Nein votiert haben. Der Fischfang ist nach dem Öl immer noch ein wesentlicher Wirtschaftsfaktor.

Diese Klippen, nie geb ich sie her
um das Haus hab ich Haut gespannt
Tuch heißt Seegras
Berge heißen Berge.

Eva Jensen

»Ein Land, das sehr hoch oben im Norden liegt«, lautete das Urteil des dänischen Dichters Adam Oehlenschläger nach seiner Nordlandreise 1862 durch Nordnorwegen. Entsprechend abgeschnitten von der Welt fühlten sich seit jeher die Menschen dort oben, die Nordlandbewohner. Von den Norwegern im Süden wurden sie als beschränkt, ungebildet und gutgläubig angesehen. So wird beispielsweise erzählt, dass nordländische Fischer auf ihrer Fahrt nach Bergen, wo sie ihren Fang verkauften, sich für die Rückreise unter anderem guten Fahrtwind andrehen ließen.

Die älteren Schulkarten zeigten Südnorwegen und Nordnorwegen gesondert nebeneinander, wobei der Nordteil maßstabsmäßig verkleinert abgebildet war. Von Kindesbeinen an hat nun jeder Norweger gewusst, dass »die da oben« anders sind als die unten. Bis zum Ende des 19. Jahrhunderts war der Nordteil tatsächlich nur ein Anhängsel des reichen und aufgeklärten Südens. Diese Sichtweise hat eine gewisse Berechtigung, denn im hohen Norden lebte sozusagen immer nur eine norwegische Minderheit. Heute sind es circa 450 000 Menschen, also etwa elf Prozent der Gesamtbevölkerung. Ein nordnorwegisches Selbstbewusstsein beginnt sich erst zu entwickeln, als Ole Olsen, Komponist aus Hammerfest, in der weit entfernten Hauptstadt Kristiania die Idee zu einem selbstständigen Nord-Norge entwickelt.

Ein wichtiger Beitrag zum Lebensstandard der Nordnorweger sind die zahlreichen Brücken vom Festland zu den Inseln und zwischen den Inseln. Damit wird der umständliche und vom Wetter abhängige Fährverkehr überflüssig.

Dieses Nord-Norge ist ungefähr so groß wie die halbe Bundesrepublik und umfasst die drei Verwaltungsprovinzen Nordland, Troms und Finnmark. Wegen der vielen Fjorde, Sunde und Inseln ergibt sich eine Küstenlinie von insgesamt 35 880 Kilometern. Und wer mit dem Auto von Trondheim nach Kirkenes will, der Stadt an der russischen Grenze, muss 1600 Kilometer zurücklegen.

Mo i Rana im Industriegebiet Rana zeigt sich hier von seiner friedlichen Seite mit seiner Idylle am Wasser.

Zur Provinz Nordland gehören die berühmten und touristisch beliebten Inselgruppen der Lofoten und der Vesterålen, außerdem die Städte Bodø und Narvik. In Troms liegt die Hauptstadt Nordnorwegens, Tromsø, und etwas südlich des Städtchens Alta beginnt Finnmark, die dritte und größte der Nordprovinzen. Mit 74 000 Bewohnern ist sie die am dünnsten besiedelte. Hammerfest, das Nordkap und die Eismeerküste bis Kirkenes fallen ebenso in diesen Landesteil wie die Samenzentren Kautokeino und Karasjok.

Die Anziehungskraft des hohen Nordens hängt für den Reisenden von heute mit der wilden und exotischen, weil noch zum Teil unberührten und ursprünglichen Natur zusammen. In früheren Jahrhunderten betrachtete man diese Natur als roh und hässlich, man sprach von Nordnorwegen als einem Reich der Dunkelheit und der Kälte, und auch die Mitternachtssonne, bei der man nicht schlafen könne, wurde als keineswegs angenehm erlebt.

Eine gute Vorbereitung auf das Reich der Kälte wird den Passagieren auf den Schiffen der Hurtigrute geboten. Bei der Überquerung des Polarkreises auf 66°37‘5“ nördlicher Breite erfolgt eine Taufe mit Eiswürfeln, die eisig den Rücken hinuntergleiten. Diese Prozedur bleibt einem erspart, wenn man mit der Eisenbahn oder dem Flugzeug anreist. Doch beim Aussteigen in Bodø merkt man sofort, dass man nicht mehr in Südnorwegen ist. Die Luft fühlt sich anders an, ist windig, kühl und rau, und das Lebenstempo hat sich gegenüber Oslo, wo ich ins Flugzeug stieg, deutlich verlangsamt.

Vom Busterminal zum Hurtigrutenkai sind es 900 Meter, immer am Meer entlang. Verschlafen liegt der nördlichste Bahnhof in der Mittagssonne, End-

station der Nordlandbahn. Zwei Züge stehen da, kurzes Türenknallen, einer fährt weg, und es ist wieder still. Seit 1962 treffen täglich zweimal Züge aus dem Süden in Bodø ein. Lange sei über eine Weiterführung der Bahnstrecke hinauf nach Tromsø geredet worden, erklärt mir Gørill, die Schalterdienst hat, bis man 1994 das Projekt im Storting in Oslo als unrentabel ablehnte. Der Norden ist zu dünn besiedelt, und zum Teil leben die Menschen zu weit weg von einem möglichen Bahnhof. Dafür wurde das Straßennetz ausgebaut, und mit Brücken und Tunnels sind auch noch entlegene Orte erreichbar.

Bodø, zweitgrößte Stadt Nordnorwegens, hat eine gelb glänzende Sonne im Stadtwappen, ein Hinweis auf die Mitternachtssonne, die hier vom 2. Juni bis zum 10. Juli scheint. Etwas kürzer ist die Polarnacht, sie dauert vom 15. bis 29. Dezember.

Die Bahnhofsuhr zeigt 12.30 Uhr, und ich verlasse das Gebäude, ziehe meinen Koffer hinter mir her zum Hafen. Da taucht auch schon pünktlich die »Polarlys« auf, einer der Luxusliner der Hurtigrute, und gleitet majestätisch zu ihrer Anlegestelle. Kurz darauf kommen mir die ersten Passagiere entgegen, Landgang bis 15.00 Uhr. Neben der Gangway steht die große Ladeklappe offen, und die Mannschaft ist mit dem Be- und Entladen der Güter beschäftigt. Diese Art der Versorgung ist nach wie vor wichtigste Aufgabe der Hurtigrutenschiffe. Den Postdienst hat inzwischen weitgehend die sogenannte fliegende Hurtigrute übernommen.

Auf die Minute genau legt die »Polarlys« ab. Die erste Fahrt dieser Schnelldampfer, das war die inzwischen ausgemusterte »D/S Vesteraalen«, fand im Juli

Mo i Rana ist die drittgrößte Stadt Nordnorwegens und spielte eine zentrale Rolle bei der Industrialisierung des Landes. Neben der Holzverarbeitung wurde vor allem auch Eisen mit Hilfe der Kohlevorkommen verhüttet.

In einem futuristisch anmutenden Gebäude wird an das Lebenswerk des Dichters und Pfarrers Petter Dass erinnert.

1893 statt, und auf der Brücke stand mit der Uhr in der Hand Kapitän Richard With aus Tromsø, der »Erfinder« dieser wichtigen Verkehrsverbindung zwischen Süd- und Nordnorwegen. Nur durch eine exakte Navigation, das hatte With erkannt, würde es möglich sein, praktisch bei jedem Wetter, egal ob bei glatter See im Sommer oder bei Schneesturm im Winter die Zeit einzuhalten und sogar, und das war die sensationelle Neuheit, auch nachts zu fahren.

Fast gleichzeitig mit der »Polarlys« setzt sich die kleine Fähre nach Værøy und Røst in Bewegung, nimmt Kurs auf die südlichsten Inseln des Lofotenarchipels. Dort draußen befindet sich der unheimliche Moskenstraumen, einer der stärksten Gezeitenströme im offenen Meer. Zwischen Ebbe und Flut wechselt die Strömungsrichtung, sodass sich gewaltige Wirbel bilden. Aus diesem Naturphänomen haben Schriftsteller wie Jules Verne und Edgar Allan Poe spannende Erzählungen gestrickt von Schiffen, die im Strudel zu Kleinholz zertrümmert werden, und von Walen, die in Todesangst heulen.

Die Sonne hat sich inzwischen hinter Wolken versteckt, und der Wind hat merkbar aufgefrischt. Die Fähre ist in westlicher Richtung verschwunden, wir fahren nordwärts, passieren die Insel Landegode mit ihren schönen Bergformationen. Kaum sind wir aus deren Windschutz draußen, zeigt der Vestfjord, wozu er fähig ist. Schaumgekrönt rollen die Wellen auf uns zu, und man fragt sich, wie es früher den Fischern ergangen sein mochte, die in der kältesten Jahreszeit, im Januar und Februar, in ihren offenen Holzbooten rudernd die Lofoten ansteuerten. Dort winkte das Geschäft des Jahres, der Dorschfang. Seit jeher kommen die Fischschwärme von der Barentssee an die flachen

In dem Flugzeugmuseum von Bodø kann man unter anderem das legendäre deutsche Flugzeug Ju 52 bewundern.

Küstenbänke, um zu laichen. Das ist Dorschzeit, und die Chance auf einen wirklich großen Fang ließ sich kein Fischer entgehen. Verdient haben allerdings letztlich vor allem die Kaufleute, die sogenannten Neskonger. Sie waren die Könige auf der Landzunge, sie gaben den Fischern Kredit für Schiff, Netze und Ausrüstung, aber auch für Mehl, Zucker und Tabak. Als Folge davon waren die meisten Familien verschuldet, und ihr Schicksal lag völlig in der Hand des Kaufmanns.

Einer dieser Neskonger war Erasmus Zahl auf der Landzunge Kjerringøy nördlich von Bodø. Ihn hat sich der zwanzigjährige Knut Hamsun, der damals noch Knud Pedersen hieß, wohnhaft in Hamsund/Nordnorwegen, als Mäzen ausgesucht. Die Bittbriefe seiner »nach Wissen dürstenden Seele« fanden Gehör, und der junge Dichter erhielt mehrfach Geld, um im Süden seine Karriere als Schriftsteller zu beginnen.

Haus, Hof und Kaufmannsladen dieses Erasmus Zahl sind inzwischen ein Museum, und es wurden hier einige Romane Hamsuns verfilmt. Auch für »Dinas Buch« von der nordnorwegischen Schriftstellerin Herbjørg Wassmo diente Kjerringøy als Drehort.

Wegen seines geschützten Hafens trafen sich zur Zeit der offenen Holzboote die Fischer in Kjerringøy, wenn sie auf günstige Wind- und Wetterverhältnisse warteten, um den Vestfjord zu überqueren.

Der Wind hatte inzwischen weiter an Stärke zugenommen, an Deck der »Polarlys« konnte man sich nicht mehr aufhalten, und mir wurde auf einmal bewusst, wie sehr man sogar auf diesem Riesenkahn der Macht der Naturge-

Das Meer gibt und das Meer nimmt. So lautet bis heute das Credo der Lofotfischer, auch wenn der Fischfang in den offenen Segelbooten weitaus gefährlicher war als mit den modernen Fischkuttern und Trawlern.

Die »Könige auf der Landzunge«

Arme Dorschfischer und reiche Profiteure

Zur Hansezeit steckte den Profit des Fischfangs der Großkaufmann in Bergen ein. Heute vermarkten die kleinen Fischerorte mit Hilfe der fliegenden Hurtigrute ihren Fisch selbst.

Wer durch den hohen Norden reist, egal ob an Bord der Hurtigruten oder mit dem Wohnmobil, dem fallen diese seltsamen, oft zeltförmigen großen Holzgestelle auf. Ihre Funktion ist während der Sommermonate nicht erkennbar, denn benutzt werden sie von März bis Mai. Dann hängen dort Dorsche, jeweils zwei an den Schwänzen zusammengebunden und geköpft, um auf traditionelle Weise in der salzigen Meerluft zu trocknen. Der Dorsch war zu allen Zeiten der Reichtum dieser Region. In dem Gedicht des Nordlanddichters Peter Dass aus dem 17. Jahrhundert heißt es: »Sollte der Dorsch uns fehlen / Was bliebe uns dann / mit nach Bergen zu nehmen? / Nein, der Fisch im Meere, / das ist unser Brot / und verlieren wir ihn / dann leiden wir Not!«

Der Stockfisch, wie er wegen seiner Art der Konservierung heißt, wurde im 12. Jahrhundert, im Zeitalter der Hanse, zum großen Geschäft. Damals richteten die Lübecker das Hansekontor in Bergen ein, wohin die Fischer im Norden ihren Fang brachten. Dafür erhielten sie das dringend benötigte Getreide. Profit und Reichtum blieben bei den Kaufleuten, die den haltbaren Fisch in Europa weiterverkauften.

Bis heute ist dies ein lohnendes Geschäft. Jährlich wird etwa für 60 Millionen Euro Stockfisch exportiert, Hauptabnehmer dieses reinen Naturprodukts ist nach wie vor

Italien. Die Fischköpfe werden nach Afrika gebracht, vor allem nach Nigeria, wo man daraus eine proteinreiche Suppe zubereitet. Aber bevor die Köpfe getrocknet werden, verdienen sich die Jungen ein Taschengeld mit dem Herausschneiden der Zungen, die als Leckerbissen nach Frankreich verkauft werden. Den Gewinn steckt nun nicht mehr der Großkaufmann in Bergen ein, denn inzwischen vermarkten die größeren Fischerorte des Nordens mithilfe der fliegenden Hurtigrute ihren Fisch

selbst. Diese Emanzipation von Bergen begann im 19. Jahrhundert. Damals entstanden in allen wichtigen Küstenorten eigene Handelshäuser, von Mo i Rana und Svolvær im Nordland über Alta in Troms bis nach Vardø und Vadsø auf der Halbinsel Varanger in der Provinz Finnmark. Die Führung eines solchen Handelshauses war mit königlichen Privilegien ausgestattet, das heißt, die neuen Handelsherren mussten zwar die Fischer mit dem Lebensnotwendigen versorgen, hatten aber auch das Recht, gewissermaßen als Könige auf ihrer Landzunge den Fischfang zu reglementieren. Außerdem vermieteten sie im Februar, wenn die Dorschschwärme kamen, die Fischerhütten an die aus der Ferne anreisenden Fischer. Außerdem hatten sie das Vorrecht, Alkohol zu verkaufen.

So war der einfache Fischer auf Gedeih und Verderb seinem Kaufmann ausgeliefert, von ihm allein konnte er Kredit bekommen, wenn die Netze im Sturm verloren gingen oder eine teure Reparatur des Bootes nötig war. Neben den wirtschaftlichen und finanziellen Belangen kümmerten sich die »Könige« auch um das gesellschaftliche Leben, bestimmten beispielsweise, wen eine Fischerstochter heiraten durfte. Die Fischerhütten, (k)rorbuer(k) genannt, werden heutzutage in den Sommermonaten an Touristen vermietet. Der Fischgeruch darin hat sich gehalten, ansonsten bieten diese Unterkünfte den modernen Standard und sind beliebte Ferienhäuser. Oft wird sogar ein Boot zur Verfügung gestellt.

Anders als die einfachen Fischer wohnten die »Könige auf der Landzunge« in vornehmen Häusern mit Öfen, handgemalten Tapeten und edlem Mobiliar aus dem Süden. Einer von ihnen, der Kaufmann Erasmus Benedigt Kjerschow Zahl von Kjerringøy, zeigte kulturelles Engagement, als ihn der junge Knud Pedersen aus Hamsund um eine größere Summe Geld bat, um Schriftsteller werden zu können. Zahl war selbst als Zwanzigjähriger nach Kjerringøy gekommen und hatte sich durch harte Arbeit, hervorragenden Geschäftssinn und die Heirat mit der Witwe seines Vorgängers hochgearbeitet und galt als einer der reichsten Männer Nordnorwegens. Sein Mäzenatentum trug sicher dazu bei, dass Knut Hamsun zum berühmten Dichter werden konnte.

Am Schicksal des einfachen Fischers änderte sich durch die »Könige auf der Landzunge« wenig. Mit Leib und Leben musste er für die Kredite bürgen, ohne die er nicht überleben konnte. Blieb er auf See, drohte seiner Familie das Armenhaus.

Erst in unserer modernen Zeit eröffnete sich den Fischern die Möglichkeit, sich unabhängig zu machen: durch ein Genossenschaftswesen, das die Fanggründe verteilt, und ein Bankwesen, das effektive Kredite anbietet.

Jährlich wird für etwa 60 Millionen Euro Stockfisch exportiert. Hauptabnehmer dieses reinen Naturprodukts ist Italien.

Der Stockfisch trocknet in der Salzluft, dadurch wird er nicht nur haltbar, sondern auch besonders schmackhaft. Auf Paletten gestapelt sind die Fische gut transportierbar.

Finnen, Russen, Samen und Tamilen

Multikulti an der Eismeerküste

Die traditionellen Minderheiten der Finnen und Samen haben sich eigene Mitbestimmungsrechte erkämpft. Neu sind die Tamilen, die in den Fischfabriken arbeiten und sich an das raue Klima an der Eismeerküste gewöhnt haben.

In Nordnorwegen leben nicht nur Norweger, und es ist wahrscheinlich, dass sie nicht die Ersten hier oben waren. Als die Urbevölkerung des hohen Nordens gelten die Samen, wie sich dieses Nomadenvolk selbst nennt. Die Bezeichnung »Lappen« leitet sich von dem finnischen Wort »lappalainen« ab, und die norwegischen Samen nannte man bis zum Beginn des 20. Jahrhunderts »finner«. Deshalb heißt die nördlichste Provinz, wo die meisten Samen leben, Finnmark.

Die großen, blonden Norweger begegneten diesen kleinen, dunkelhäutigen Samen eher mit Misstrauen, und die norwegische Regierung hat einige Zeit alles versucht, diese Nomaden zu norwegisieren. Diese Haltung änderte sich erst nach dem Zweiten Weltkrieg mit der Erklärung der Menschenrechte. Mehr und mehr wurden die Samen als eigenständiges Volk akzeptiert, mit eigener Geschichte, Sprache und Kultur. Heute haben die norwegischen Samen ein eigenes Gymnasium und ein eigenes Parlament in Karasjok und eigene Sendezeiten im Rundfunk.

Eine weitere ethnische Minorität neben den Samen sind in Nordnorwegen die Kvenen. Diese Volksgruppe ist in der ersten Hälfte des 18. Jahrhunderts aus Finnland eingewandert und hat sich in den Provinzen Troms und Finnmark angesiedelt. In norwegischen Kreisen genießen sie kein besonders hohes Ansehen, gelten als verdächtig und unheimlich. Von offizieller Seite akzeptierte man die Kvenen lediglich als Einwanderer. Doch seitdem Norwegen 1999 die Rahmenkonvention des Europarates zum Schutz nationaler Minoritäten ratifiziert hat, darf Finnisch in Nordnorwegen als Zweitsprache gelehrt werden.

Aus einem ganz anderen Winkel der Welt kam eine andere Gruppe von Einwanderern, die man nun wahrlich nicht an der Eismeerküste vermuten würde: Tamilen aus Sri Lanka. Die ersten sechs tauchten 1989 in Vardø auf. Sie fanden Arbeit in der fischverarbeitenden Industrie, in den sogenannten Filetierhallen. Die Bezahlung war gut, und zehn Jahre später waren in Vardø bereits 280 Tamilen registriert. Sie richteten eigene Cafés und Läden ein, sodass man jetzt im hohen Norden auch Kiwis und exotisches Gemüse kaufen kann. Zu einer echten Integration ist es zwar nicht gekommen, aber die Norweger akzeptieren die Tamilen, weil sie fleißig arbeiten. Und einmal im Jahr spielt die Fußballmannschaft der Norweger gegen die der Tamilen auf einem steinigen Fußballfeld an der windverblasenen Küste, begleitet von den tosenden Wellen des Eismeeres.

Die Musik spielt im Hohen Norden nicht nur in den Jugendorchestern eine große Rolle, sondern für die Älteren gibt es die beliebten Tangoclubs.

walten ausgeliefert ist. Mit dem Meeresgott sei auch in unserer Zeit, in der die Seefahrt mit allen technischen Raffinessen ausgestattet ist, nicht zu spaßen, erklärte der Kapitän am nächsten Tag, als wir Gelegenheit zu einem Besuch auf der Brücke bekamen. Wegen dieser Wetterverhältnisse hatte er deshalb darauf verzichtet, Stamsund, den ersten Hafen auf den Lofoten, anzulaufen. Erst im geschützten Hafen von Svolvær, der »Hauptstadt« des Inselreichs, spürten wir beim Landgang wieder festen Boden unter den Füßen.

Svolvær war und ist das Zentrum der Lofotfischerei. Die Trockengestelle für die Konservierung des Dorsches in der salzigen Brise, bei der der Stockfisch entsteht, fallen jedem sofort ins Auge, ebenso wie die Werftanlagen, wo die Fangflotte gewartet wird.

Neben der Fischerei hat Svolvær wegen seiner faszinierenden Landschaft aus Berggipfeln, Meer und Fjorden die Künstler angezogen. Aus Schweden und aus Südnorwegen sind sie vor allem im 19. Jahrhundert angereist, um diese extreme Naturkulisse auf der Leinwand festzuhalten. Diese Tradition ist geblieben, bei einem Bummel durch die Gassen stößt man auf zahlreiche kleine Ateliers, in denen Lofotenmotive ausgestellt sind.

Auf der Weiterfahrt ist unser Schiff vor Sturm und Wind geschützt, der Kurs verläuft durch enge Fjorde, und man ist immer wieder überrascht, wie dieses schwimmende Hotel seinen Weg zwischen den Bergen und Inseln findet. Aus Harstad wird die »Polarlys« von der aus der Gegenrichtung ankommenden »Mittnatssol« vertrieben, und in Finnsnes erwischt uns beim Landgang der typisch norwegische Gischtregen. Keiner der Passagiere stört sich daran, offenbar sind

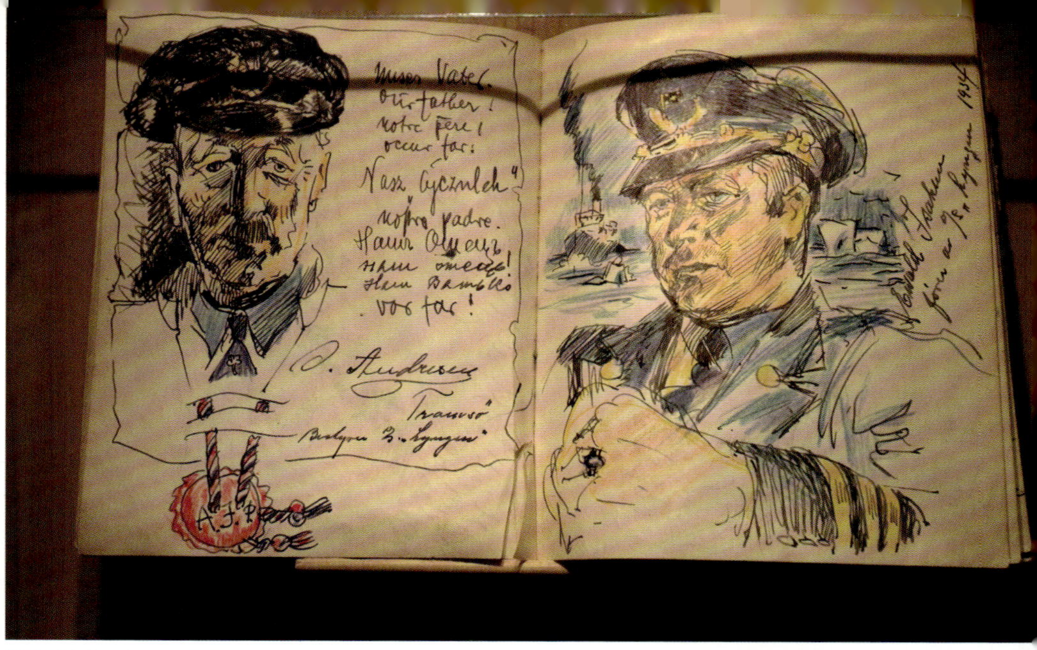

sie alle seit ihrer »Taufe« am Polarkreis gefeit gegen die nordischen Wetterlaunen. Vorbei an den Gabelstaplern, die bereits mit dem Be- und Entladen begonnen haben, hasten wir hinüber zu dem nahe gelegenen Einkaufscenter mit Cafeteria, eine willkommene Abwechslung des gewohnten Einerleis an Bord.

In Tromsø verlasse ich die »Polarlys«, die nach einer ausgiebigen Pause weiterfahren wird über Hammerfest zum Nordkap und danach an der Eismeerküste entlang bis zur Endstation Kirkenes an der russischen Grenze.

Der wichtigste Teil der Stadt heißt Tromsøy, ein Hinweis auf ihre Insellage (øy = Insel), dazu kommt Kvaløya im Westen, und ein Teil liegt auf dem Festland im Osten. Alles in allem teilen sich über 60 000 Einwohner circa 2560 Kilometer, und die gesamte Küstenlinie misst 1274 Kilometer. Die Bevölkerung, erfahre ich weiterhin in der Turistinform am Hafen, sei eine Mischung aus samischer, norwegischer und finnischer Kultur.

»Tor zum Eismeer« wird die Stadt auch genannt, und nur wenige Schritte vom Hurtigrutenkai entfernt steht die Statue des Polarforsches Roald Amundsen. Im Frühjahr 1901 tauchte er als junger Mann in Tromsø auf und suchte Begleiter für eine Expedition zur Entdeckung eines Seewegs vom Atlantischen zum Stillen Ozean, die Nordwestpassage.

Begibt man sich auf einen Stadtbummel, mutet das Ganze so gar nicht eismeerartig oder polar an. Zwar weisen Schilder auf das Polarmuseum hin, aber ansonsten ist das Flair mit den Straßencafés, dem blitzblauen Himmel und den sommerlichen Temperaturen bis zu 30 Grad eher südländisch.

Berühmt wurden die Norweger unter anderem auch für ihre Polarexpeditionen. Namen wie Amundsen und Nansen sind in der ganzen Welt bekannt.

Dieser Eindruck und die Insellage dürfte zum zweiten Beinamen geführt haben: »Paris des Nordens«.

Allerdings darf man zur Zeit der Mitternachtssonne nicht vergessen, dass es auch einen Winter und eine Polarnacht gibt, von Mitte November bis Mitte Januar ist es zappenduster. Bereits auf der Busfahrt zum Universitetsmuseum fiel mir auf, dass neben den Haustüren und Garagentoren der im nordischen

Die Tromsø-Brücke ist hoch genug, um die Schiffe der Hurtigrute passieren zu lassen.

Ein Beispiel für die kühne, norwegische Architektur im Rahmen des Konzepts zur Skulpturenlandschaft Nordland.

Stil gebauten Holzhäuser Schneeschaufeln aller Größen lehnten. »Im April liegen manchmal bis zu zwei Meter Schnee«, verriet mir Achim aus Stralsund, der hier Telemedizin studiert. Die Polarnacht störe ihn nicht, er liebe den Winter und den Schnee, und die Langlaufloipen sind ja beleuchtet.

Das Museum ist hervorragend geeignet, sich über die Urbevölkerung des hohen Nordens, die Samen, zu informieren. Außerdem kann man sich an einer »Nordlichtmaschine« einen Eindruck über dieses faszinierende Phänomen des nordischen Winters verschaffen.

Ein weniger begeisterndes Bild vom Leben in Tromsø vermittelt die Schriftstellerin Cora Sandel, die 1880 hier zur Welt kam. Daran erinnert das »Café Cora« im Folkets Hus. Für ein junges Mädchen bot die Stadt damals kaum Möglichkeiten, das eigentliche Leben spielte sich in Südnorwegen ab, und ihre Romanheldin Alberte setzt alles daran, um wegzukommen.

Was die Kaufleute betraf, so orientierten sie sich früher nicht nach Süden, nicht nach Bergen, der damaligen Handelshauptstadt. Viel näher lag und liegt Russland, und von dort erwarb man Mehl, Segeltuch und Leinen im Tausch gegen Fisch. Nach Russland schickten sie auch gerne ihre Söhne zur Ausbildung, und sie hatten nichts dagegen, wenn die spätere Schwiegertochter Russin war.

Hammerfest gilt als die nördlichste Stadt Europas. Bereits 1890 bekam sie nach einem Brand als erste Stadt Norwegens eine elektrische Straßenbeleuchtung.

Seit dem Ende des Eisernen Vorhangs beginnt man diese Handelsverbindungen wiederzubeleben, und es besteht der Plan zur Gründung einer Barentsregion. Ein solcher Wirtschaftsraum erscheint den Nordnorwegern wesentlich sinnvoller als ein Beitritt zur Europäischen Union. Zwei Volksabstimmungen hat es bereits gegeben über einen Beitritt Norwegens zur EU, 1972 und 1994. Beide sind knapp gescheitert, trotz der europafreundlichen Haltung der Regierung. Es lag vor allem am Protest der Nordnorweger, der beide Male zum Nein führte.

Andererseits ist durch das ausgezeichnet eingerichtete Flugnetz die Trennung des Nordens vom Süden weitgehend vorbei. Die jungen Frauen fühlen sich nicht mehr wie Alberte in Sandels Roman abgeschnitten von der Welt und von der Mode. Das erklärten mir jedenfalls zwei Tromsøerinnen in der Cafeteria am Tromsø Airport Langnes, wo wir auf die Maschine nach Oslo warteten. Sie wollten nur mal kurz in die Hauptstadt, um zu shoppen. Ansonsten aber sind sie stolz darauf, aus Tromsø zu sein, fühlen sich gleichberechtigt mit dem Süden. Und deshalb wollen sie unbedingt, dass es klappt mit der Bewerbung der Stadt für die Winterolympiade 2018. Damit will Nord-

Der Weg zum Nordkap ist lang, aber durchaus abwechslungsreich, wie die Sedimentgesteinsformation zeigt. Die Felskolosse im Bild darunter sollen versteinerte Trolle sein.

Norge beweisen, dass es, wie früher Oslo und Lillehammer, durchaus fähig ist, ein solches internationales Sportereignis auszurichten.

Ziel vieler Nordlandreisenden ist der nördlichste Punkt des einst sagenumwobenen Ultima Thule, das Nordkap. Einer von ihnen war 1794 der 21-jährige Prinz Louis Philippe von Orléans. In seiner Heimat wütete die Revolution, und weil er seinen adligen Kopf vor der Guillotine retten wollte, floh er mit einem kleinen Gefolge in den hohen Norden. In dieser rauen und unwirtlichen Natur, die so gar nichts gemein hatte mit den gepflegten und geometrisch angeordneten Gärten von Versailles, würde ihn niemand vermuten. Das Nordkap erreichte der Prinz im Herbst 1795, und offenbar war er dem exotischen Reiz dieser wilden Naturlandschaft erlegen. Als er nämlich 1840 König von Frankreich wurde, schickte er seinen Hofmaler François Auguste Biard zu einer »voyage pittoresque« in die Nordkalotte. Auf dieser Reise entstanden eine Reihe abenteuerlicher Bilder mit Eisbären und Samen und viel Schnee. Eines der Gemälde aber zeigt Louis Philippe am Nordkap. Mit Zylinder und einem Uniformrock und dicken Fäustlingen sitzt der Prinz in einem »lavvo«, einem Samenzelt an einem offenen Feuer, umgeben von Samen in ihrer Tracht. Das Bild hängt im Musée du Château in Versailles, dürfte jedoch in seiner romantischen Verklärung falsche Vorstellungen vom Nordkap wecken. Statt im Lappenzelt steht der Besucher von heute in der in den Felsen gesprengten Nordkaphalle mit Panoramafenster, um bei jedem Wetter einen Blick ins weite Nichts des Polarmeers werfen zu können. Das war 1907 noch anders, als die ersten Passagiere der Hurtigrute in Hornvika an Land gingen, um nach mühseliger Bestei-

Steinzeitkünstler ritzten bei Hjemmeluft (Alta) Jagdtiere in den Fels. Ohne Rentier war ein Leben in diesen Breitengraden nicht möglich.

gung des Plateaus und einem Marsch bis zu dessen Kante ihr Ziel zu erreichen. Bei solchen Strapazen soll es so manches Mal passiert sein, dass die kräftigen Burschen aus den Fischerdörfern schwächelnde Touristen tragen mussten.

Westlich des Nordkaps ragt die Halbinsel Varanger in die Barentssee. Baumlos, mit steilen Bergen, Geröllhalden, Klippen und weiten, kreideweißen Stränden, auf die unermüdlich die Wellen des nördlichen Eismeers zurollen, erlebt man eine arktische Landschaft. Hier blüht der Weiße Germer, und die Scheckente brütet, beide stammen aus Sibirien.

Trotz dieser Unwirtlichkeit siedeln hier wegen der reichen Fischgründe seit Urzeiten Menschen, und die vier Ortschaften Berlevåg, Båtsfjord, Vardø und Vadsø hat jede ein gutes Auskommen. Vor den bis zu zehn Meter hohen Wellen wird der Hafen von Berlevåg durch spezielle Betonblöcke geschützt, weshalb der Ort von den Schiffen der Hurtigrute angelaufen werden kann. Die Fischgründe zählen übrigens zu den ergiebigsten der Welt, und von den 1200 Einwohnern findet jeder in der Fischindustrie Arbeit.

Über einen natürlichen Hafen verfügt Båtsfjord, und dieser größte Fischereihafen Nordnorwegens ist auch im Winter eisfrei. Die Inselortschaft Vardø mit ihrer achteckigen Festung aus dem Jahre 1738 ist auf dem Landweg nur durch einen fast drei Kilometer langen unterseeischen Tunnel erreichbar. Ebenfalls auf einer Insel gelegen ist das Zentrum der Hauptstadt der Finnmark, Vadsø. Diese Insel wurde 1860 zur ersten Walfangstation, und 1926 verankerte der Entdecker Roald Amundsen hier sein Luftschiff auf dem Weg zum Nordpol.

Feuer am Himmel

Das Polarlicht

Das Nordlicht stellte für die Samen eine überirdische Macht dar. Der Mensch wird klein und unbedeutend angesichts dieses Naturschauspiels der Aurora Borealis.

»Es waren einmal zwei Brüder, die sich auf dem Weg zur Rentierscheidung befanden.« So beginnt ein Samenmärchen, das davon erzählt, wie der Jüngere der beiden laut singend zuerst die Sonne, dann den Mond und schließlich das Nordlicht verspottet. Im ersten Fall führen seine Spottverse dazu, dass ein schlimmer Schneesturm einsetzt und die Sonne sich tagelang hinter Wolken versteckt, sodass die Brüder in ihrem Zelt ausharren müssen. Die Verspottung des Mondes hat zur Folge, dass eine Feuerkugel das Rentier vor dem Schlitten des jüngeren Bruders tötet. Der lässt sich dadurch nicht einschüchtern, und als am Abend ein starkes Nordlicht aufzieht, weiß er auch für diesen Naturgott ein Spottlied. »Da fing das Nordlicht stark zu flackern an und schlug mit hartem Knall gegen den Schnee. Der ältere Bruder verkroch sich unter seinen Pulk, den er umgedreht hatte. Aber das Nordlicht erschlug den jüngeren Bruder.« So endet die Geschichte.

An das Nordlicht als überirdische Macht glaubt heute niemand mehr, vielmehr versucht man, dieser grünlichgelben, manchmal auch bläulichen oder roten Lichterscheinung am nächtlichen Winterhimmel wissenschaftlich auf die Schliche zu kommen. Das erste Nordlichtobservatorium entstand 1899 auf dem Haldetoppen, einem 1149 Meter hohen Gipfel bei Alta in der Provinz Troms. In dieser Gegend befindet sich eine Zone mit besonders starkem Nordlicht. Man hat das Nordlicht mit mehreren, in einem festen Winkel abgebrachten Fotoapparaten festgehalten und konnte dadurch die Höhe errechnen, in der sich dieses Phänomen abspielt. Man hat auch herausgefunden, dass es besonders gut in klaren Winternächten sichtbar ist. Dann wallt und zuckt die Aurora Borealis, so der wissenschaftliche Name, in Form von geheimnisvollen Bögen, Faltenwürfen und Kronen über den nächtlichen Himmel. Dieses Schauspiel dauert manchmal nur wenige Minuten, kann sich aber auch über Stunden hinziehen.

Die Lichterscheinung entsteht, weil positiv und negativ geladene Partikel der Sonne in die obere Erdatmosphäre eindringen, also in 100 bis 300 Kilometern Höhe, und mit neutralen Gaspartikeln kollidieren. Das Gas wird ionisiert, und die entstehende Energie wird in Form von Licht ausgestrahlt. Es bildet sich der sogenannte polare Elektrojet. Ob nun die wissenschaftliche Erklärung den Betrachter einleuchtender ist als die mythische, das sei dahingestellt.

WO DAS NORDLICHT FLACKERT

Das Reich der Samen

In der weiten und dabei sehr eintönigen Landschaft wird die ganze Sehnsucht nach Form und Farben in der traditionellen Tracht ausgelebt. Auch die jungen Leute haben neben der Jeans immer ihre Tracht im Schrank.

Ich bin ein Blaukehlchen im Gesträuch,
bimmelnde Rentierglocke.
Bin ein entfernter, sich verflüchtigender Ruf,
Gesetze vergehen wie der gestrige Tag.
Nils Aslak Valkeapää

Die beiden Mädchen tragen selbstbewußt ihre Tracht während des Kirchgangs in Kautokeino.

Am intensivsten mit der Mitternachtssonne verbunden fühlten sich einst die Samen, das Urvolk Nordnorwegens. Ihr Lebensraum ist seit jeher die weite Finnmarksvidda, eine Tundrenlandschaft, in der trotz der Errungenschaften der modernen Technik die Lebensweise von den natürlichen Bedingungen vorgegeben wird. So können die Rentierherden erst dann auf die Sommerweiden an der Eismeerküste getrieben werden, wenn die Rentierkühe, die dort ihre Kälber bekommen, bereit zum Aufbruch sind. Und bei dieser Wanderung haben sich beispielsweise die auf Kufen montierten Wohncontainer, gezogen von einem Schneescooter, nicht bewährt als Ersatz für den traditionellen »pulk« und das »lavvo«, einen leichten, mit einer Zeltplane, einigen Fellen und etwas Reisig beladenen Schlitten. Damit werden eigens errichtete Depots angesteuert, in denen Zeltstangen und anderes Material gelagert werden.

Aufgegeben haben die Samen allerdings ihre Naturreligion, in der sie für jede Naturerscheinung einen Gott hatten, für den Wind, für Erde und Wasser, für das Nordlicht und für die Sonne.

Ein besonders enges Verhältnis bestand zum Sonnengott Bæi'vi, als dessen Kinder sie sich bezeichneten. Sie stellten sich vor, dass Bæi'vi morgens auf einem Bären über den Himmel reitet. Gegen Mittag verwandelt sich der Bär in ein männliches Rentier und am Abend in eine Rentierkuh. Im Winter aber schlafen die Bären, weshalb die Sonne kein Reittier hat und nicht am Himmel erscheinen kann.

Im Winter sinken in Lappland die Temperaturen bis auf minus 40 Grad Celsius. Doch die Holzhäuser sind gut isoliert, und die Elektroheizung wird durch einen Holzfeuer ergänzt.

Häufig ist von Bæi'vis Tochter die Rede. Die Sonnentochter zähmte die Rentiere der Menschen, die deshalb auch als »Sonnengabe« bezeichnet wurden. Man will die Sonnentochter häufig an der Spitze einer Herde von Geister-Rentieren gesehen haben. Solange sie wach war, galt sie als unsichtbar, aber sobald sie schlief, konnten die Menschen sie sehen. Sollte es dann jemandem

gelingen, sie zu küssen, würde er der Besitzer ihrer großen Rentierherde. Unter einer Bedingung: Er musste sie drei Tage in einem Zelt so versteckt halten, dass sie keinen Sonnenstrahl sehen konnte. Gewöhnlich endete es damit, dass am dritten Tag ein Streifen Sonnenlicht hereindrang und die Sonnentochter rief: »Oh! Ich sehe die Augen meines Vaters und meiner Mutter!« Und schon war sie mit ihrer Rentierherde spurlos verschwunden.

Inzwischen haben sich die 34 000 norwegischen Samen der Staatskirche angeschlossen, und es ist eine farbenprächtige Zeremonie, wenn sich die Mädchen und Jungen der Samen in ihrer traditionellen Tracht an Ostern in der schlichten Lappenkirche aus Holz zur Konfirmation versammeln.

Eine enge Beziehung zur Natur besteht trotzdem noch, zeigt sich in der besonderen Art der samischen Lieder, den Joiks. Der Same Per Hætta hat anschaulich den Unterschied zwischen unseren Kulturliedern und dem Joik beschrieben:

»Über Jahrhunderte hat mein Volk in engem Kontakt mit der Natur gelebt, und das hinterlässt Spuren, die ich nicht auslöschen kann noch will. Die Töne sind aus dem Schoß der Finnmarksvidda geholt. Wie viele Male habe ich versucht, ein ›Kulturlied‹ zu singen, wenn ich in einem ›pulk‹ (samischer Schlitten) gesessen und über die Vidda gefahren bin, aber wie arm und inhaltslos wirkt es. Es gehört einer fremden Welt an. – Nahm ich stattdessen eine Joikmelodie, ja dann erwachte nicht nur ich selbst zu neuem Leben, mir schien, als ob gleichsam jeder verkrüppelte Strauch, jede kleine Erhebung im Gelände, alles in der Natur zum Leben erwachte und mitjoiken wollte. Das Rentier legte

die Ohren an und hob den Kopf, schien auf einmal ein anderes Tempo vorzulegen. Das Klicken seiner Hufe schlug den Takt. Für jede Pause im Joik schien die Natur gleichsam zu rufen: ›Juoigga, juoigga – das ist unser Lied, joike aus voller Lunge, wir joiken mit.‹«

Das Samenparlament in Karasjok, in dem die Rechte der Samen behandelt werden. Es gibt 39 Abgeordnete, die viermal im Jahr zusammentreten.

Die schlimmste Sünde, die man in früheren Zeiten als Same begehen konnte, bestand darin, sich gegen die Naturgewalten zu stellen. Welche Folgen das haben kann, davon berichtet das Lappenmärchen von »einem, der die Sonne, den Mond und das Nordlicht verspottete«. Dieser Lästerer war mit seinem Bruder auf dem Weg zur Rentierscheidung. Als gerade die Sonne aufgeht, joikt er geringschätzig über den Sonnengreis, worauf sofort ein heftiges Schneegestöber einsetzt und die Brüder drei Tage festhält. Obwohl der Ältere davor warnt, die Natur noch einmal zu verspotten, joikt der Jüngere einige Tage später am Abend über den Mond, diesen Narren. Da fällt dichter Nebel ein, und die Brüder müssen drei Tage warten, ehe sie weiterziehen können. Kaum sieht der jüngere Bruder die Sterne wieder leuchten, joikt er abfällig über ihr Funkeln und Blinken. Da wird sein Rentier von einer Feuerkugel getötet, und er muss zu Fuß weitergehen und seinen ›pulk‹ selbst ziehen. Doch bei der nächsten Rast kann er es nicht lassen, erneut lästerlich zu joiken, diesmal über das Nordlicht, das soeben aufgezogen war. Lauter und immer lauter joikt er, bis auf einmal das Nordlicht zu flackern beginnt und mit lautem Knall auf den Schnee trifft. Dabei wird der Spötter getötet, und sein Pelz verbrennt.«

Diese mythologische Beschreibung des Naturphänomens hat man inzwischen durch eine wissenschaftliche ersetzt. Das erste Nordlichtobservatorium

Bei allen festlichen Anlässen ist die Tracht ein unerlässliches Kleidungsstück, auch wenn man heute nicht mehr im Rentierschlitten zur Kirche fährt. Berühmt ist das Osterfest in Kautokeino, das jedes Jahr viele Besucher anlockt.

befand sich auf dem Haldetoppen, einem Berg westlich von Alta. Von 1896 bis 1899 errichtete man aus Naturstein das Gebäude zur Beobachtung des Nordlichts. Damit die Wissenschaftler, die dort oben überwinterten, nicht ohne ihre Familie sein mussten, hat man einmal sogar eine Kuh mitgenommen, um Milch für die Kinder zu haben.

Im Jahre 1926 verlegte man das Observatorium nach Tromsø, und geblieben ist eine empfehlenswerte Selbstbedienungshütte für Wanderer.

Das an der E6 gelegene Alta ist mit 18000 Einwohnern zahlenmäßig der größte Ort in der Finnmark und bildet eine Art Tor zur Finnmarksvidda. Am Altafjord haben sich schon in der frühen Steinzeit Menschen angesiedelt. Ein Beweis sind unter anderem eine Reihe schöner Felszeichnungen, die bis zu 6500 Jahre alt sind und zeigen, dass schon damals das Rentier wesentlich war für das Leben der Menschen im hohen Norden.

Die für den Reisenden gut zugänglichen Felsbilder wurden von der UNESCO in die Liste des Weltkulturerbes aufgenommen.

Die flächenmäßig größte Kommune Norwegens ist mit ungefähr 9700 Quadratkilometern der im Süden der Finnmarksvidda gelegene Samenort Kautokeino. Der samische Name lautet Guovdageaidnu, und jedem Bewohner stehen umgerechnet drei Quadratkilometer zur Verfügung. Das hängt natürlich mit der Rentierzucht zusammen, dem wirtschaftlich wichtigsten Erwerbszweig, der nicht zuletzt große Bedeutung hat für die Bewahrung der samischen Kultur.

Für diese Kultur hat sich in den 50er-Jahren ein deutsch-dänisches Paar so sehr begeistert, dass sie in Kautokeino ihre »sølvsmie«, ihre Silberschmiede in

einer von der Finnmarksnatur inspirierten Architektur gebaut haben. Regine und Frank Juhls orientieren sich in ihrem kunsthandwerklichen Schaffen ganz an der samischen Tradition. Inzwischen ist Juhls' Silvergallery weit mehr als ein Souvenirladen und trägt mit Recht den Beinamen »Oase in der Tundra«. Die dort gefertigte, samisch geprägte Kunst wird sogar in Oslo hinter dem Rathaus verkauft.

Die »Hauptstadt« der norwegischen Samen ist Karasjok, 80 Prozent der knapp 2900 Einwohner sprechen Samisch. Hier befindet sich das Sametinget oder Sámediggi, das im Herbst 1989 eröffnete Parlament der Samen. Viermal pro Jahr treffen sich die 39 direkt gewählten Abgeordneten im Plenum und behandeln die anstehenden, die Rechte ihres Volkes betreffenden Fragen. Das jährliche Budget wird im Storting in Oslo festgelegt.

Außerdem sendet von hier aus das Samí Radio. Und für die Aus- und Weiterbildung steht den Mädchen und Jungen der Samen ein eigenes Gymnasium mit Internat zur Verfügung, die Samíjoatkkaskuvla. Auf schmalen, ausgetretenen Lehmwegen, die sich durch einen lichten Krüppelkiefernwald schlängeln, gelangt man zu dem modernen, niedrigen Betonbau. Bei meinem Besuch der Schule in den 90er-Jahren hat man mich in eine »Deutsch-Klasse« geführt, und ich war erstaunt, wie gut die Samenkinder die deutsche Sprache beherrschten. Neben dieser Weltoffenheit gibt es allerdings wesentlich wichtigere Schulfächer wie »Geschichte und Tradition der Samen« oder »Einführung in die Rentierzucht«. Dabei spielen auch moderne Medien wie das Internet eine wichtige Rolle. In Datenbanken sind beispielsweise alle Ohrmarkierungen für die Ren-

Heute lassen sich die Samen nach christlichem Ritus trauen. Ab dem 18. Jahrhundert lösten sich die Samen von ihrer Naturreligion und gehören inzwischen alle der norwegischen Staatsreligion an.

Folgende Doppelseite: Der Reichtum eines Rentierzüchters sind seine Tiere. Über die Anzahl seiner Tiere schweigt er sich aus. Sie ist ebenso geheim wie der Kontostand.

Im Rhythmus der Natur

Der Zug der Rentiere

Die Rentiersamen richten ihr Leben völlig auf die Bedürfnisse ihrer Herden ein, auf das regelmäßige Hin und Her zwischen Winter- und Sommerweide.

Jahr für Jahr ziehen die norwegischen Rentierzüchter mit ihren etwa 150 000 Rentieren von den Winterweideplätzen im Inland der Finnmark zur Küste und wieder zurück. Das liegt in der Natur der Sache bzw. der Rentiere, für die im Winter das wichtigste Nahrungsmittel die Rentierflechte ist, während sie im Sommer die Graswiesen an der Küste brauchen.

Nils Mathisen Sara und Maret Mathisdatter Eira leben mit ihren Kindern und ihrer Herde den Winter über mit den Brüdern und deren Familien südlich von Kautokeino an der finnischen Grenze. Mit etwa 2000 Tieren bleiben sie hier bis Ende April. Dann erfolgt die Rentierscheidung, das heißt, man trennt die Herden, jede Familie zieht nur mit ihren Tieren zur vorgesehenen Sommerweide. Dort sollen die Rentierkühe kalben, und um das alles im Auge behalten zu können, darf die Herde nicht zu groß sein. Nach ein paar Tagen hat jede Familie wieder ihre Tiere beisammen, und die Vorbereitungen für die Frühjahrswanderung können beginnen. In diesem Jahr darf der älteste Sohn Mathis dabeisein. Samenkinder bekommen für diese Zeit schulfrei.

Je nach Wetter und Wind wird es vier bis fünf Tage dauern, um die Herde in das 150 Kilometer entfernte Bánjárga zu treiben, einer kleinen Insel am Burfjord in Nord-Troms.

In seiner Jugend, so erzählt Nils, hatte man zum Ziehen der Schlitten zahme Rentiere, heute geht alles nur

noch mit Schneescootern. Die Schlitten sind schwer beladen, Benzin, Proviant, Zelte. Das kann zu Problemen führen an Stellen, wo der Schnee zu weich ist oder das Eis auf den Flüssen brüchig wird, womit man im Frühling immer rechnen muss. Um die vorhandenen Weidemöglichkeiten für die Tiere, die nach dem kargen Winter ausgehungert sind, auszunutzen, will man zwar mit der Herde nicht zu schnell wandern, andererseits besteht die Gefahr, dass die Flüsse aufgehen. Tagsüber ist ein Vorankommen wegen des schmel-

Von klein auf lernen die Kinder den Umgang mit den Rentieren. Oft wird mit der Geburt ein Zeichen festgelegt, mit dem sie später ihre Rentiere markieren können.

zenden Schnees ohnehin nicht möglich, man muss also auf die Nacht warten, da friert der Untergrund und wird für die Schlitten befahrbar. Am besten ist es, wenn der Schnee eine feste Eiskruste bildet, am schlechtesten ist der Harsch, wenn die Tiere und der Schlitten ständig einbrechen.
Mathis hat das alles in der Schule schon gelernt, weiß um die Macht der Frühlingssonne. Er musste dazu ein Gedicht von Pedar Javli, einem samischen Dichter, auswendig lernen. Es heißt:

»Muotta-calmek« oder »Schneeflocke«.
»Durch die Luft schweben still
Feine Schneeflocken auf die Erde
Auf die Steine und die Krüppelbirken
Weiß im Weiß bedecken sie die Erde.
Sind sie auch noch so klein
Sind es doch Millionen
Bedecken Gruben, Täler, Bäume
Bilden kleine Wächten in dem Unterholz
Bauen große Mauern hinter Steinen.
Aber in der Frühlingssonnenwärme
Schmelzen diese kleinen Flocken
Werden klare reine Tropfen.
Und aus den Tropfen werden wieder
Quellen, Flüsse, Seen und Meere
– Groß ist da des Kleinen Kraft.«

Doch wider Erwarten sind die Verhältnisse gut, und die drei erreichen mit ihrer Herde und den Hunden ohne größere Schwierigkeiten die Küste. Zum Übersetzen auf die Insel wurde eine Fähre gemietet, die auch pünktlich zur Stelle ist. Nach dem Winter und der anstrengenden Wanderung sind die Tiere zu schwach, aus eigener Kraft zur Insel zu schwimmen, was sie bei der Rückwanderung im Herbst ohne Weiteres schaffen. Die Küstenbewohner helfen ihnen, die Herde aufs Schiff zu treiben und danach auf die Insel. Dort baut Mathis mit seinem Vater das »lavvo« auf, Maret entfacht ein Feuer, hängt den Kessel darüber, und bald beginnt es nach gekochtem Fleisch zu duften. Man ist auf der Sommerweide angekommen. Maret und Nils kennen eine Menge Leute hier in der Gegend, ohne ihre Unterstützung wäre es schwierig, manchmal bricht ein Ren aus und schwimmt zum Festland, oder die Herde muss durch schwieriges Gelände geführt werden.
Aber all das zählt im Moment nicht, jetzt warten alle darauf, dass das Kalben beginnt.

Im Winter ist es für die Tiere oft schwer, trotz ihrer dafür ausgebildeten Hufe, an genug Nahrung unter dem Schnee heranzukommen.

tiere gespeichert, die individuell verschieden jedem Rentierbesitzer zugeteilt sind, um seine Tiere zu kennzeichnen. Gewöhnlich bekommen die Samenkinder schon früh ihr eigenes Zeichen zugeteilt, denn es ist üblich, dass sie zur Taufe, zur Konfirmation oder bei anderen Anlässen als Geschenk ein Rentier bekommen. Sie lernen dann, auf ihre Tiere zu achten, und wenn Kälber kommen, müssen sie gekennzeichnet werden. So haben diese jungen Samen, egal ob Mädchen oder Jungen, die Möglichkeit, später als Rentierzüchter die ganz besondere Lebensweise des uralten Nomadenvolkes zu führen.

Die Zeichen sind eine eigene Sprache, die die Beziehungen zwischen den Samenfamilien dokumentiert. Es gibt zwei Schnitt-Typen, den Haupt- und den Nebenschnitt, auf Samisch »váldo – ja smávva sánit«, das bedeutet: große und kleine Worte, kleine runde oder spitze Einschnitte ins Ohr des Rentiers, unterschieden nach Anzahl und Position.

Abschließend sei der Jahreslauf eines Rentierzüchters geschildert:

Ende April ist der Winter vorbei, und der nördliche Meereswind von der Küste her lässt die Rentiere unruhig werden. Außerdem sind sie meistens hungrig, die Winterweide gibt nichts mehr her. Nun ist es Zeit für die Rentierscheidung. Während des Winters wurden die Herden verschiedener, miteinander verwandter Familien, der sogenannten Siida-Gemeinschaft, auf einem gemeinsamen Weidegebiet beaufsichtigt. Vor der Frühjahrswanderung, dem »giddajohtin«, werden die Herden wieder getrennt, und jede Familie führt ihre Rentiere gesondert zur vorgesehenen Sommerweide am Nordmeer, wo die Rentierkühe kalben und sich für den Winter vollfressen. Am 3. Mai, im sami-

Unten: Auf den eisig glatten Wegen ist der Tretschlitten mit seinen langen Kufen ein ebenso praktisches wie sicheres Fortbewegungsmittel. Verwendet wird er in Ortschaften, um Besorgungen zu erledigen.

schen Kalender als »Ruosmesbæivi« vermerkt, soll das erste Kalb zur Welt kommen. Das Kalben ist für den Rentierbesitzer eine kritische Zeit. Er muss die trächtigen Kühe genau beobachten, wo sie kalben wollen. Meistens sind es windgeschützte, sonnige Flecken. Und er wird darauf achten, wie fürsorglich die Muttertiere mit ihren Jungen umgehen, ob sie eventuell das Neugeborene verstoßen. Wenn später im Sommer eine Rentierkuh ohne Kalb ist, muss man wissen, warum. War sie überhaupt nicht trächtig, hat sie ihr Kalb verloren, und wenn, wo ist es geblieben? War ein Raubtier in der Nähe?

Ende Juni erfolgt dann das Markieren der Kälber, die speziellen Schnitte ins Ohr, um kenntlich zu machen, wem das Tier von nun an gehört. Je mehr Tiere ein Same hat, umso reicher ist er, und wenn man ihn fragt, wie viele er besitze, wird er darüber keine Auskunft geben. Diese Frage ist ebenso tabu wie die Frage nach dem Bankkonto.

Ist das Markieren vorbei, muss man sich kaum mehr um die Tiere kümmern, und der Rentierzüchter nutzt die Zeit, die Rengatter zu reparieren. Die Gatter sind heute ein unerlässliches Hilfsmittel, um die Herde unter Kontrolle zu halten. Früher wurden die Rentierkühe noch gemolken und waren dadurch zahmer und leichter zu führen, heute lässt man ihnen innerhalb der Gatter mehr Freiheit, selbst die besten Weideplätze zu finden.

Ende September beginnt die Paarungszeit, »ragat«. Die Tiere werden unruhig, streifen weit umher. Dann folgt die anstrengende Zeit der Herbstwanderung. Die Tiere sind gut genährt und drängen südwärts. Der erste Schnee fällt bereits, und es wird kalt, die Tage sind kurz und die Sicht schlecht. Gräser und

Oben: Rentierfelle werden zum Trocknen an die Hauswand genagelt.
Unten: Die sehr seltenen weißen Rentiere verwendet man auch heute noch gerne als Zugtiere.

Kräuter sind weitgehend verwelkt, als Nahrung dienen wieder die Flechten. Und dann ist die Winterweide erreicht, wo die Herde sich mit den Herden der anderen Familien vermischt.

Im Winter haben die Rentierzüchter viel zu tun. Tausende von Tieren müssen beaufsichtigt werden. Zu Winterbeginn wird die Herde im Tiefland gehalten, dann dient den Männern eine Holzhütte als Unterkunft. Doch nach Weih-

Oben: Das Alte und das Neue ergänzen sich aufs Beste. Der Metallcontainer auf Kufen kann das traditionelle Lappenzelt Lavvo nicht ersetzen, aber der Motorscooter erleichtert die Arbeit mit der Herde erheblich. Unten: Die aus Rentierleder gefertigten leichten Fellschuhe halten auch bei stärkster Kälte die Füße warm.

nachten müssen die Herden hinauf ins Gebirge getrieben werden, weil dort weniger Schnee liegt und die Tiere besser weiden können. Als Unterkunft wählen die Männer gewöhnlich wieder das traditionelle Zelt, das »lavvo«. Je besser die Weide, umso leichter fällt es den Männern, die Herde zusammenzuhalten. Um das Hüten zu erleichtern, werden einzelnen Tieren Glocken umgehängt. Außerdem müssen die Männer die Tiere gut kennen, die jungen Böcke verhalten sich anders als die alten, und es gibt immer Einzelgänger.

Früher wurde im Herbst geschlachtet, noch auf der Sommerweide, doch wegen staatlicher Zuschüsse ist es inzwischen lohnender, Dezember und Januar als Hauptschlachtzeit für das Fleisch, das verkauft wird, zu nutzen. Geschlachtet werden vor allem Kälber.

Für den eigenen Verbrauch wird nach Bedarf frisch geschlachtet. Das Fleisch lässt man dann entweder an der Luft trocknen oder es wird in einem »lavvo« aufgehängt und geräuchert. So konserviert kann man es von Mai bis

Mitte August essen, in diesen Monaten schmeckt das frische Renfleisch wegen der Grasweide fade.

Die Frauen sind im Winter damit beschäftigt, die Kleidung zu reparieren und neue für die Familie herzustellen. Die Tracht für die Konfirmation der Kinder muss ebenfalls genäht werden. Dazu kommt die Produktion von Souvenirs, aus Horn hergestellte Löffel, aus Birkenrinde gefertigte Behälter, Trinkgefäße, lederne Kaffeebeutel und andere Gegenstände, die im Sommer an die Touristen verkauft werden. Dazu stellen sie an einer günstigen Stelle der E6 Richtung Nordkap ein Lappenzelt auf, um so eine wichtige Zusatzeinnahme zu haben.

Die Ausgaben sind deutlich gestiegen. Früher brauchte man außer Mehl, Kaffee, Zucker und Tabak kaum etwas kaufen. Heute muss ein ganzer Maschinenpark bezahlt werden, müssen Schneescooter, zwei- und vierrädrige Geländemaschinen usw. gewartet werden. Früher hatte ein Rentierzüchter circa 40 zahme Rentiere, um die Schlitten zu ziehen, und die Herde wurde auf Skiern und mit Hunden zusammengehalten.

Aber in seinen Grundzügen bleibt das Leben des Rentierzüchters unverändert. Egal ob Skier, Schneescooter oder Motorrad, um die Herde von einer Weide zur nächsten zu treiben, ist und bleibt die individuelle Kontrolle über die Tiere entscheidend, die Beachtung des Lebenszyklus jedes einzelnen Tieres. So hat sich an den grundlegenden Prinzipien der samischen Rentierzucht wenig verändert, wenn auch die Motorisierung und der Kontakt übers Handy einiges erleichtern.

Im Windschutz der niedrigen Zwergbirken hat sich eine Rentierherde zum Ausruhen niedergelassen.

Lockende Arktis

Von Hammerfest nach Spitzbergen

Sich unbewaffnet von der Wohnsiedlung zu entfernen, ist strengstens untersagt. Dieses Gesetz auf Spitzbergen dürfte es in keinem anderen Land geben.

Spitzbergen, diese Inselgruppe von insgesamt 62 000 Quadratkilometern und bedeckt von 2000 Gletschern – d. h. 60 Prozent der Landoberfläche sind unter Eis, wo Eisbären lauern und wo nach einem kurzen Sommer vor allem der Polarwinter das Leben bestimmt –, war und ist trotzdem oder vielleicht gerade deshalb für viele ein lockendes Reiseziel.

Bereits 1839 setzte die 19-jährige Französin Léonie d'Aunet alles daran, sich zusammen mit ihrem Verlobten, dem Hofmaler François Auguste Biard, einer Expedition nach Spitzbergen anschließen zu dürfen. Über Holland, Deutschland, Dänemark und Schweden gelangte man nach Norwegen, wo die Reisegruppe in Trondheim das Dampfschiff »Prinds Gustav« bestieg. Neun Tage dauerte die Fahrt nach Hammerfest. Die Postschiffe der Hurtigrute benötigen heute drei Tage. Die nördlichste Stadt – Hammerfest erhielt 1789 Stadtrechte – bestand damals aus 60 Häusern und 500 Einwohnern. Daraus sind heute über 9000 geworden, und jährlich kommen bis zu 200 000 Touristen dorthin. Schließlich besteht ja die Möglichkeit, Mitglied im Eisbärenclub (Isbjörnklubben) zu werden.

Seit den reichen Gas- und Ölvorkommen auf dem sogenannten Snehvitfeld und der Erdgasverflüssigungsanlage sind in Hammerfest die Immobilienpreise um 145 Prozent gestiegen.

Am 17. Juli 1839 sticht die französische Expedition mit dem Schnellsegler »La Recherche« Richtung Spitzbergen in See und erreicht am 31. Juli die Magdalenenbucht. Die Ersten auf diesen arktischen Inseln waren allerdings 1194 die Normannen. In dem isländischen »Landnámabók« von 1194 heißt es: »Svalbardi fundin«, also »›Svalbard‹ (= kalte Küste) gefunden«. Den Namen Spitzbergen prägte wegen der Silhouette der Bergketten 1596

Auch in der arktischen Einsamkeit hinterlässt der Mensch mit seinem Drang nach Ausbeutung der Bodenschätze hässliche Spuren.

der Holländer Willem Barents, der einen nördlichen Seeweg nach China suchte und auf die Inseln stieß.

In ihrem Tagebuch »Voyage d'une femme au Spitzberg« schreibt Léonie d'Aunet, als sie nach einigen Wochen wieder in Hammerfest ist, »ich fühlte mich glücklich und stolz! Ich bin vielleicht etwas bleich und dünn geworden, werde aber die erste und vermutlich auch die letzte Frau gewesen sei, die ihren Fuß auf diese öden Eilande gesetzt hat.«

Darin sollte sie sich täuschen. Etwa 100 Jahre später beschließt Christiane Ritter, auf Spitzbergen zu überwintern, wo ihr Mann als Jäger und Fallensteller lebte. Was sie zu beachten hat, erfährt sie in seinem Brief: »Ich habe für den kommenden Winter eine kleine Hütte an der Nordküste Spitzbergens übernommen. Sie soll gut und fest gebaut sein. Gar zu einsam wird es ja für dich nicht werden, da an der Nordwestecke der Küste, ungefähr 90 Kilometer von hier, noch ein Jäger haust. Den können wir im Frühjahr, wenn das Licht zurückkommt und das Meer und die Fjorde zugefroren sind, besuchen.

Außer deinen Skistiefeln brauchst du nichts mit heraufbringen. Ski und Ausrüstung sind noch vorhanden von einem früheren Begleiter. Proviant und alles, was man für eine Überwinterung braucht, besorge ich.

Bringe ja nicht mehr mit, als du selbst in einem Rucksack bequem tragen kannst.

Es bietet sich für uns eine sehr günstige Reisegelegenheit. Wir rudern mit Jäger Nois von der Adventbai aus quer über den Eisfjord. Er will uns dann mit seinem Hundeschlitten noch über die Gletscher bringen, und dann gehen wir allein weiter, durch den Wijdefjord, immer geradeaus. Allerdings sind ein paar Gletscherflüsse zu durchqueren. In ungefähr 14 Tagen können wir an unserem Wohnplatz an der Nordküste sein.

PS: Wenn du noch Platz in deinem Rucksack hast, dann bringe bitte Zahnpasta für 2 Mann für 1 Jahr mit und Nähnadeln.«

An den hier geschilderten Verhältnissen hat sich nicht viel geändert, und trotzdem buchen heute mehr Reisende denn je einen Flug nach Longyearbyen, der »Hauptstadt« Spitzbergens. Nur an diesem Ort gibt es Übernachtungsmöglichkeiten, vom Campingplatz bis zum teuren Hotel »Funken« oder »Polarsentret« oder einer Unterkunft in »Gruvearbeiderbolingen«, der ehemaligen Grubenarbeiterwohnung.

Wer allein weiter ins Land vordringen will, braucht die Erlaubnis des Inselchefs, des »Sysselmanns«, und ein Gewehr.

Das hilft gegen die Eisbären, nicht jedoch gegen das Spitzbergenvirus – immer wieder hierher in diese ursprüngliche Einsamkeit kommen zu müssen.

NORWEGEN
Nordteil
N
0
50 km
Nationalpark
SPITZBERGEN
N
0
100 km
NORDAUSTLANDET
SPITZBERGEN
Ny Ålesund
KÖNIG KARLS LAND
Pyramiden
BARENTSØYA
Isfjord
Barentsburg
Sveagruva
Storfjord
EDGEØYA
Nordkap
MAGERØYA
Gamvik
Kjøllefjord
Mehamn
Berlevåg
Honningsvåg
ROLVSØYA
Porsangerfjord
Laksefjord
NORDKINN-HALVØYA
Båtsfjord
PORSANGER-HALVØYA
VARANGER-HALVØYA
Vardø
Hammerfest
KVALØYA
Ilfjord
Vadsø
SØRØYA
Russenes
Tana Bru
SEILAND
Skaidi
Varangerfjord
STABBURSDALEN NATIONALPARK
Grense Jakob
STJERNØYA
Kirkenes
Øksfjord
Bjørnevath
Utsjoki
Talvik
Skjerrøy
Alteidet
Alta
Tana
Finnmark
NORDMEER
KVALØYA
Tromsø
Tromsø-brücke
Lyngen
Karasjok
Inari-järvi
ØVRE PASVIK-NATIONALPARK
REISA NATIONALPARK
Skibotn
Bidjovagge
ØVRE ANARJÅKKA NATIONALPARK
Inari
VESTERÅLEN
Gryllefjord
Andenes
SENJA
Finnsnes
Kautokeino
Kilpisjärvi
RUSSLAND
Andsfjord
ANDØYA
ÅNDERDALEN NATIONALPARK
Moen
Kilpissee
Risøyhamn
Vågsfjord
ØVRE DIVIDAL NATIONALPARK
ANDØRJA
Harstad
Sortland
HINNØYA
LOFOTEN
Stokmarknes
Vesterålsfjord
Bjørnfjell
Narvik
LAPPLAND
Torneträsk
AUSTVÅGØYA
Muonio
Vestfjord
Svolvær
1853 m
VESTVÅGØYA
Storsteinsfjellet
Kebnekaise
Kiruna
FLAKSTADØYA
Stamsund
2111 m
Nikkaluokta
Innhavet
Å
Akkajaure
MOSKENESØYA
2016 m
Akka
VÆRØY
Værøy
Kjerringøy
Stora Sjöfallets
RØST
Stora Lulevatten
RAGO NATIONALPARK
Bodø
Fauske
Rapaätno
nördlicher Polarkreis
NORWEGEN
Storjord
Jokkmokk
Ørnes
SALTFJELLET/ SVARTISEN NATIONALPARK
Mo i Rana
Nesna
Sandnessjøen
Hemavan
Mosjøen
BØRGEFJELL NATIONAL PARK
Namskogen
Storuman
Grong
Steinkjer
LOFOTEN
N
0
20 km
Fähre
Hurtigrute
Andenes
VESTERÅLEN
Andfjord
Dverberg
ANDØYA
Risøyhamn
GRYTØYA
Myre
Harstad
Vågsfjord
Jennestad
LANGØYA
Sortland
Strand
HINNØYA
Stokmarknes
HADSELØYA
Melbu
Morfjord
Trollfjord
AUSTVÅGØYA
Fiskebøl
Raftsund
Lødingen
GIMSØYA
Hov
Gimsøy
Eggum
Svolvær
Utakleiv
Borg
Vikspollen
Kabelvåg
Bognes
Skarberget
FLAKSTADØYA
Napp
Flakstad
Leknes
Henningsvær
Mortsund
Stamsund
VESTVÅGØYA
Sund
Nusfjord
Skutvik
MOSKENESØYA
Kirkefjord
Moskenes
Reine
Å
Vestfjord
NORWEGEN
Moskenstraumen
VÆRØYA
Bodø

NORWEGEN
Südteil
N
0
50 km
Nationalpark
EUROPÄISCHES
NORDMEER
SCHWEDEN
NORWEGEN
BØRGEFJELL
NATIONAL PARK
Namskogen
Namsos
Grong
Steinkjer
Meraker
Trondheimfjorden
Stjørdal
Trondheim
Orkanger
Støren
Brekken
Røros
Os
FERMUNDSMARKA
NATIONAL PARK
Kristiansund
Halsa
Rindal
Ulsberg
Angvik
Oppdal
Tynset
Sunndalsøra
Driva
Molde
Moldefjord
Åndalsnes
DOVREFJELL
NATIONAL PARK
Trollstige
Westkap
Ålesund
Storfjord
Sunnylvsfjord
Hjørundfjord
Rauma
Dombås
RONDANE
NATIONAL PARK
Geiranger
Geirangerfj.
Gudbransdal
Lom
Vågåmo
Volda
Stryn
Otta
Nybergsund
Lågen
Nordfjordeid
Jostedalsbreen
Måløy
Nordfjord
JOTUNHEIMEN
NATIONAL PARK
Lillehammer
Elverum
Skei
Lustrafjord
Fjærland
Urnes
Florø
Sogndal
Fagernes
Gjøvik
Hamar
Kirkenær
Balestrand
Borgund
Brandu
Vadheim
Vik
Aurlandsfjord
Gol
Leirvik
Sognefjord
Gudvangen
Aurland
Torpo
Kondsvinger
Geilo
Honefoss
Voss
Rødberg
Oslo
Knarvik
Lofthus
Bergen
HARDANGERVIDDA
NATIONAL PARK
Kongsberg
Moss
Odda
Hardangerfjord
Skare
Notodden
Rosendal
Røldal
Åsgårdstrand
Frederikstad
Hovden
Skien
Eidsborg
Sandelfjord
Sauda
Porsgrunn
Larvik
Langsund
Bykle
Sand
Valle
Haugesund
Kragerö
KARMØY
Skudeneshavn
Boknafjord
Tau
Lysefjord
Otra
Stavanger
Arendal
Sandnes
Tonstad
Evje
Grimst
Egersund
Flekkefjord
Mandal
Kristiansand
Lyngdal
Südkap Lindesnes
TELEMARKKANAL
0
10 km
N
Staustufen
Krossen
Seljord
Bø
Sanda
Norsjø
Skien
Åmot
Ofte
Kviteseid
Kviteseidsee
Kjedal
Flåbygd
Lunde
Ulefoss
Larvik
Dalen
Lårdal
Flåsee
Fjågesund
Bandaksee
Vrådal
Veum
Nissedal
Bostrak
Straume
Gjerdemyra
SKAGERRAK
Barentssee
Europ. Nordmeer
Murmansk
nördlicher Polarkreis
Narvik
NORWEGEN
RUSSLAND
SCHWEDEN
Trondheim
FINNLAND
Helsinki
St. Petersburg
Ostsee
Oslo
Bergen
Stockholm
Riga

Register

Personenregister

Amundsen, Roald 30, 163, 167

Barents,Willem 186
Bjørnson, Bjørnstjerne 11, 45, 91, 136

Carl Johan 20
Christian IV. 20, 43, 75

d'Aunet, Leonie 186, 187
Dass, Petter 23, 109, 152, 156

Eiriksson, Leiv 16

Falkberget, Johan 66

Gaarder, Jostein 29
Grieg, Edward 60, 112, 115

Haakon VII. 21
Håkon Magnus 23
Håkon V. 19
Håkonsson, Håkon 112
Håkonsson, Olav 19
Hamsun, Knut 23, 24, 90, 91, 153, 157
Harald (Hardråde) 17, 18
Harald (Hårfagre) 16
Harald V. 22
Haraldsson, Olav (der heilige Olav) 17,138
Heyerdahl, Thor 30, 45, 51
Holberg, Ludvig 101, 104, 112, 114
Hov, Anne 109

Ibsen, Henrik 19, 23, 25, 45, 50

Krohg, Christian 50

Louis Philippe von Orléans 166

Munch, Edward 25, 28, 45, 50, 82, 83

Nansen, Fridtjof 30, 163
Norheim, Sondre 88

Olav V. 22

Sandel, Cora 164, 165
Schönhaar, Harald 99

Thaulow, Frits 50
Tryggvason, Olav 13, 17, 138

Undset, Sigrid 57, 58, 59, 64

Vesaas, Tarjei 84, 88
Vigeland, Gustav 28

With, Richard 31, 35, 152
Wittgenstein, Ludwig 29

Zahl, Erasmus 153, 157

Sachregister

Ålesund 132
Alta 176
Altafjord 176
Arendal 75, 80, 84
Åsgard 143, 144
Atlanterhavsveien 137
Aurora Borealis 168

Barentsregion 165
Båtsfjord 167
Bergen 95, 99, 101, 112, 114, 115, 123, 128
Bergenbahn 114, 120, 123, 127
Berlevåg 167
Bjerkebæk 59, 64
Bodø 150, 151, 153
Bokmål (Buchsprache) 24
Brände 114
Brauner Käse 108, 109
brygge 112
Bygdøy 13, 41, 44, 47, 50, 134

Christiania 43

Dalen 86
Der Schrei (Gemälde) 45, 82, 83
Dorsch 153, 156, 162
Dorschfang 152
Dorschfischer 156
Dovrefjell 68
Drachenboot 14
Drei Mädchen (Gemälde) 83

E6 132, 176, 185
Eidsvoll 57
Eisangeln 29
Eisbär 187
Eivindvik 218
Ekofisk 22
– Ekofisk-Feld 100

Fantoft 131,134
Feldenzian, blau 123
Felszeichnungen 176
Femundsee 66
Femundsmarka 66
Finnen 160
Finnmark 149, 150, 160, 180
Finnmarksvidda 173, 174, 176
Finse 120, 121, 123
Fjell 97
Fjord 29, 97, 99, 136
Flåm 127, 128
Flåmsbana (fjordpferd) 128
flatbrød 109
Flechten 70, 71, 123, 184
Fortun 131
Fram-Museum 51
Frühjahrswanderung 180, 182

Geilo 121
Geirangerfjord 127, 131, 140
geitost 109
Glåma 65
Gletschermuseum 122
Gokstadschiff 13
Goldregenpfeifer 70
Golfstrom 98, 137
Grasdach 58, 108
Grimstad 75
Gudbrandstal 60, 62, 64
Gulating 128

Haldetoppen 168, 176
Hamar 58,59
Hammerfest 150, 165, 186, 187
Hamsund 90
Hanse 112, 114
Hanseaten 114
Hanseatisches Kontor 113
Hardangerfjord 29, 97, 98
Hardangerjøkul 98, 122
Hardangervidda 75, 84, 86, 95, 98, 117, 120, 121, 122, 123, 127
Herbstwanderung 183
Hjørundfjord 131
Hochfjell-Plateau 120
holmen 112
Hurtigrute 29, 31, 32, 36, 115, 150, 151, 156
– Hurtigrute, fliegende 32
– Hurtigrutenmuseum 32
Huskie-Schlittenfahren 28

Iro-schottische Mönche 14, 134

Joiks 174
Jotunheimen 68, 69, 143, 144

Karasjok 175, 177
Karl Johan 23, 44, 45, 48, 52
Kaupanger 130
Kautokeino 176
Kinsarvik 99
Kirkenes 150
Kjerringgøy 153, 157
Klippfisch 112, 137
Konservenindustrie 100

Kon-Tiki 47
– Kon-Tiki Museum 51
Kornweihe 70
Kragerø 82, 83
Kristiania 20, 43, 82
Kristiansand 75
Kristiansund 132, 137
Kvenen 160
Kvernes 137

Langlaufskier 88
Lappland 173
Larvik 81
lavvo 173, 184
Lemminge 123
Leuchtturm 76, 77
Lillehammer 26, 59, 64, 65, 134
Lillesand 75
Lindesnes 75, 76, 84
Lofoten 147, 150, 152
Lofotfischer 154
Lofotfischerei 162
Loipe 26, 97
Longyearbyen 187
Lusterfjord 130, 134
Lysekloster 98

Nandal 73, 77
Meihaugen 64
Mitternachtsonne 173
Mjøsa-See 57, 59
Mo i Rana 150, 151
Molde 132, 136, 137
Møre 131,132
Morgedal 86, 88
Morkenstraumen 152
Mornellregenpfeifer 70
Moschusochsen 70
Mosterøy 99
Mückenhändelwurz 123
Myrdal 127

Narvik 150
Nasjonalgalleriet 45, 50
Nidoras 137
Nordischer Eisenhut
Nordkap 30, 75, 84, 147, 150, 166
Nordland 149, 150
Nordlicht 168
Nordlichtobservatorium 168, 175
Nörholm 91
Norsk-Folkemuseum 51
Norsk-Oljemuseum 101
Nynorsk (Neunorwegisch) 24

Ochsenblutrot 108
Odda 98, 117
Odin 142, 143, 144
Øksfjordjøkulen 129
Ölplattform 101, 103

Ölwirtschaft 100
Olympische Winterspiele XVII: von 1994 59
Ormen Lange 13
Osebergschiff 51
Oslo 19, 26, 41, 43, 50, 52
– Oslofjord 44, 48, 50
Ostnorwegen 55

Peer Gynt (Drama) 19, 20, 25, 60
– Peer Gynt Suite 60
– Peer Gynt-Seterweg 60
Polarfuchs 70, 123
Polarlicht 32, 168
pulk 173, 174
Purk 27

Ragnarøk 142, 144
Raufußbussard 70, 123
Raumatal 132
Rentier 31, 70, 123, 173, 180, 181, 182
Rentierflechte 180
Rentierscheidung 168, 175, 180, 182
Rentierzüchter 180, 182, 183, 185
Riesen 142, 143, 144
Risør 75, 77, 80
Rjukan 123
Rødven 137
Romsdal 131, 132
Romsdalfjord 132
Rondane 68
Rondanegebirge 68
Røros 65
Rotfuchs 70
Rotschenkel 70

Samen 86, 147, 150, 160, 168, 173, 174, 175, 177, 182
Samenparlament (Samentinget) 175, 177
Sandvigske Samlinger
– Freilichtmuseum 64
Scheckente 167
Schneeenzian 123
Schneeeule 123
Schneescooter 173, 180, 185
Siebenstern 123
Skagerrak 9, 77
Ski 97
Skien 80, 81
Skier 86
Skilanglauf 26
Skisport 86
Skjøtstue 113
Skrubben 83
Slalom 88, 97
Slalomskier 88
Sognefjord 29, 97, 123, 127, 128, 129, 131
Sommerweise 180, 182

Sonnengott Bæi'vi 142
Sperber 70
Spitzbergen 186
stabbur 108, 109
Stabbur 108,
Stabkirche 64, 65, 108, 125, 129, 130, 131, 134, 137
Stavanger 95, 99, 100, 101, 103, 104, 105
Stockfisch 112, 156, 157, 159, 162
Storfjord 131
Storting 20, 127, 177
Südkap 75
Südland 75
Svartisen 128
Svolvær 162
Sysselmann, der 187

Tamilen 160
Telemark 75, 84, 88
Telemarkkanal 84
Telemarkschwung 88
Thor 50, 144
Thromsø 150, 151, 162, 164, 165, 176
Trolle 60, 68
Trollheimen 132
Trollstigen 132
Troms 149
Trondheim 125
Turmfalke 70
Tvedestrand 75
Tyske Brygge 112

Ultima Thule 14,166
Undredal 130
Urnes-Stabkirche 130, 134, 135
Utstein 19, 99

Vadsø 167
Varanger 167
Vardø 167
Vest-Adger-Fylkemuseum 76
Vesterålen 31, 150
Vidda 71
Vielfraß 70, 123
Viks 13
Vøluspá 142

Walküre 143
Weißer Germes 67
Wiesenwachtelweizen 123
Wikinger 13, 14, 86, 143
– Wikingerschiffe 51
– Wikingerschiffmuseum 13
– Wikingerzüge 15
Winterolympiade 1952, Oslo 88
Winterolympiade 1994, Lillehammer 88
Winterolympiade 18, 20
Winterweise 184

Impressum

DER FOTOGRAF
Fritz Dressler, 1937 geboren, studierte bei Otto Steinert Fotografie, danach Architektur bei Joseph Lucas und Jupp Ernst. Ab 1968 Mitarbeit bei Frei Otto während des Beginns der Arbeiten für die Münchner Olympiabauten mit den Architekten von Behnisch & Partner. Er übernahm mehr und mehr fotografische und filmische Aufgaben. 1975 Berufung an die Hochschule für Gestaltung in Bremen – jetzt HBK (Hochschule für Künste). Fritz Dressler wurde Entwurfsprofessor mit Schwerpunkten für Fotografie und »Bewegte Bilder«. Er veröffentlichte Kalender, Reiseführer und über einhundert Bildbände in verschiedenen Verlagen – ein großer Teil davon im Bucher und im Bruckmann Verlag. Er erhielt für Bücher und Kalender im Laufe der Jahre zwölfmal den Kodak-Preis und lebt in Worpswede.

DER AUTOR
Lothar Schneider, geboren 1946 in Prien am Chiemsee, Studium der Skandinavistik, Geschichte und Philosophie in Regensburg, München, Kopenhagen und Bergen. Enge Beziehung zu Norwegen durch zahlreiche Reisen und Aufenthalte sowie als Übersetzer norwegischer Literatur. Dazu Verfasser und Herausgeber diverser Reisebücher über Nordeuropa. Außerdem Lehrer für Philosophie an einem Musikgymnasium in Vorpommern.

BILDNACHWEIS
Archiv des Autors: S. 90/91; Archiv für Kunst und Geschichte, Berlin: S. 144 l., 142 l.u., 143 l.u., 143 r.o.; Toma Babovic, Bremen: S. 186-187 (4), Hintersatz; DPA – Picture-Alliance, Frankfurt am Main: S. 142 o. und M. (2), 145 r.; Florian Heine, München: S. 82/83. Thomas Härtrich, Leipzig: S. 11, 28/29, 32, 34/35, 36/37 (5, alle außer u.r.), 168. Bildarchiv Huber, Garmisch-Partenkirchen: S. 26/27 (5); Interfoto, München: S. 144/145 o., 144 u.M.; Sammlung Dietmar Siegert, München: S. 12/134 (4); S. 14/15 (3), S. 16/17 (3), 154 (3).
Alle anderen Abbildungen stammen von Fritz Dressler

Umschlagvorderseite: Laerdal.
Vorsatz: Prähistorische Steingravuren
Hintersatz: Eisbär vor Spitzbergen

Alle Angaben dieses Bandes wurden von den Autoren sorgfältig recherchiert und vom Verlag auf Stimmigkeit und Aktualität geprüft.
Allerdings kann keine Haftung für die Richtigkeit der Informationen übernommen werden.
Für Hinweise und Anregungen sind wir dankbar.
Zuschriften an den:
Bruckmann Verlag,
Produktmanagement,
Postfach 80 02 09,
D-80702 München,
E-Mail: lektorat@bruckmann-verlag.de

Projektmanagement: Joachim Hellmuth
Coverreihengestaltung: uhlig / www.coverdesign.net
Covergestaltung: Medienfabrik GmbH, Stuttgart unter Verwendung eines Fotos von Fritz Dressler
Grafische Gestaltung: Medienfabrik GmbH, Stuttgart
Textredaktion: Gisela Wunderskirchner
Karten: Astrid Fischer-Leitl, München
Herstellung: Bettina Schippel
Technische Produktion: Repro Ludwig, Zell am See

Die Deutsche Nationalbibliothek – CIP-Einheitsaufnahme
Ein Titeldatensatz ist bei der Deutschen Nationalbibliothek erhältlich.

ISBN 978-3-7654-4927-7